화엄경 약찬게 사경

김현준 편역

새벽숲

·화엄경 약찬게와 사경의 영험

『화엄경』은 불교 최고의 경전입니다. 이 『화엄경』에는 부처님께서 대오大悟를 하신 진리의 내용과 함께, 그 진리를 설하는 법회장의 모습이 그대로 묘사되어 있습니다.

현존하는 『화엄경』의 한문본에는 3종류가 있습니다.

① 진본晉本인 60권 『화엄경』은 420년에 불타발타라佛馱跋陀羅가 번역한 것으로, 7처處 8회會 34품品으로 구성되어 있습니다.

② 당본唐本인 80권 『화엄경』은 699년에 실차난타實叉難陀가 번역한 것으로, 7처 9회 39품으로 구성되어 있습니다.

③ 정원본貞元本인 40권 『화엄경』은 796년에 반야般若 삼장이 번역한 것으로, 60권과 80권 『화엄경』의 마지막품인 입법계품 1품을 상세하게 설한 것인데, 선재동자가 53선지식을 찾아다니며 불법을 배우고 깨달음을 이루는 내용을 담고 있습니다.

「화엄경 약찬게」는 이 3종류의 화엄경 중 실차난타가 번역한 80권본 화엄경의 골수만을 골라, 용수보살께서 756자 108행으로 간략히 줄여 놓은 게송입니다. 80권본 화엄경의 한문 글자수는 총 587,261자인데, 이 많은 분량의 화엄경 전체를 읽기가 어찌 쉬운 일이겠습니까?

그런데 이 약찬게를 읽고 공부하다 보면 화엄경의 모든 내용을 차츰 파악할 수 있게 되고, 마침내는 화엄경을 한눈에 본 것과 같은 효과를 지닐 수 있게 된다고 합니다. 그래서 옛부터 약찬게를 널리 독송하고 사경하면서 기도하고 수행하였던 것입니다.

「화엄경 약찬게」는 제목인 '대방광불화엄경 용수보살약찬게'까지 포함

하면 770자 110행이고, 이 제목을 빼면 108행이 됩니다. 삼신불三身佛부터 시작하여 문수·보현·관음·미륵 등의 보살과 39위의 화엄신중들, 그리고 선재동자가 만난 53선지식의 이름이 모두 포함되어 있습니다.

특히 선재동자가 만난 선지식 중에는 보살을 비롯하여 거사·장자·여인·동남동녀, 밤의 신, 포악한 왕, 창녀·이교도들까지 포함되어 있습니다. 또 80권 화엄경 39품의 제목 하나하나를 열거하고 있습니다.

「화엄경 약찬게」를 써 보십시오. 예부터 「화엄경 약찬게」를 눈으로 보고 입으로 외우고 손으로 쓰고 마음으로 새기며 행하는 사경기도를 하게 되면 크나큰 성취를 안겨준다고 하였는데, 특히 다음과 같은 원의 성취에는 「화엄경 약찬게」 사경이 매우 좋다고 전해지고 있습니다.

- 불법 속에서 흔들림 없는 믿음을 얻고 크게 향상하고자 할 때
- 대비심으로 보살도를 닦아 빨리 무상보리를 이루고자 할 때
- 호법신장의 도움으로 병환과 갖가지 괴로움에서 벗어나고자 할 때
- 불보살님의 가피로 업장을 녹이고 소원들을 이루고자 할 때
- 중생들을 성숙시키고 해탈을 얻는 자리이타의 삶을 원할 때
- 평화로움과 복되고 안정된 삶을 원할 때
- 경제적인 풍요와 좋은 환경을 얻고자 할 때
- 입시 등 각종 시험의 합격과 높은 자리로 승진되기를 바랄 때
- 일가친척의 영가천도와 가정의 평화를 저절로 이루고자 할 때
- 몸과 말과 뜻이 늘 청정한 삶을 살고자 할 때
- 세세생생 훌륭한 선지식을 만나 불법을 잘 배우고자 할 때
- 부처님의 법문을 잘 통달하고 참다운 법공양을 하고자 할 때

이 밖에도 「화엄경 약찬게」 사경의 영험은 이루 다 말할 수 없습니다.

·화엄경 약찬게 사경의 순서

1. 약찬게를 쓰기 전에

① 먼저 3배를 올리고 '부처님, 감사합니다.'를 세 번 염한 다음, 화엄경 약찬게 사경집을 펼쳐들고 축원부터 세 번 합니다.

"시방세계 충만하신 불보살님이시여, 세세생생 지은 죄업을 모두 참회하오며, 화엄경 약찬게를 사경한 공덕을 저희 가족 모두의 건강과 평안과 행복과 대해탈, 일체중생의 행복과 깨달음에로 회향하옵니다."(3번)

② 이렇게 기본적인 축원을 하고, 꼭 성취되기를 바라는 일이 있으면 추가로 축원을 하십시오. 이 경우에는 각자의 원願에 맞게 적당한 문구를 만들어, 이 책 10페이지에 있는 '화엄경 약찬게 사경 발원문' 난에 써 놓고 축원을 하면 되며, 이때의 축원은 어떠한 것이라도 좋습니다. 꼭 이루어졌으면 하는 소원들을 불보살님께 솔직하게 바치면 됩니다.

③ 축원을 한 다음 「개경게」와 「개법장진언」 '옴 아라남 아라다'를 염송합니다. 흔히 정구업진언·오방내외안위제신진언·「개경게」와 「개법장진언」으로 구성된 「전경轉經」을 모두 외우기도 하는데, 「개경게」와 「개법장진언」만으로 족합니다.

개법장진언 다음에는 화엄경 약찬게의 본래 이름인 '나무 대방광불화엄경 용수보살약찬게南無 大方廣佛華嚴經 龍樹菩薩略纂偈'를 세 번 외우고 사경을 시작하면 됩니다.

2. 약찬게를 쓸 때

① 「화엄경 약찬게」 본문을 사경할 때는 옅게 인쇄된 글씨만을 덧입혀 쓰고, 진하게 인쇄된 원문게송(예 : 南無華藏世界海 **나무화장세계해**)과 〔 〕로 엮은 소제목(예 : 〔제1 보리도량 법회에서6품을 설하시니〕) 등은 읽기만 하고 쓰지 않습니다.

② 사경을 할 때 바탕 글씨와 똑같은 글자체로 쓰려고 애를 쓰는 분이 있는데, 꼭 그렇게 쓸 필요는 없습니다. 바탕글씨를 크게 벗어나지 않는 범위 내에서 자기 필체로 쓰면 됩니다.

③ 사경을 하다가 글이 잘 통하지 않을 때나 인물 등이 궁금할 때는 『 화엄경 약찬게 풀이』(김현준 지음, 효림출판사)를 읽으면서 내용을 제대로 파악하는 것이 좋습니다. 이렇게 내용을 익히며 사경을 하게 되면 화엄경 약찬게가 보다 빨리 '나'의 것이 되고, 신심이 샘솟아 무량공덕이 저절로 쌓이게 됩니다.

④ 그날 해야 할 사경을 마쳤으면 다시 스스로가 만든 '화엄경 약찬게 사경 발원문'을 읽고 3배를 드린 다음 끝을 맺습니다.

· 사경 기간 및 횟수

① 이 사경집은 한 책으로 「화엄경 약찬게」를 12번 쓸 수 있도록 엮었 습니다. 이 사경은 많이 할수록 좋기 때문에, 108게송으로 엮어진 약찬게 처럼 기본적으로 108번의 사경을 할 것을 감히 권해 봅니다.(책 수로는 9 책)

② 인쇄된 글씨 위에 억지로 덧입히며, 쓰지 않고 자기 필체로 쓰게 되면 한 페이지에 보통 5분~7분 정도 걸리며, 화엄경 약찬게 전체를 다 쓰는 데는 50분 가량 소요됩니다.

하루에 1번은 꼭 쓰는 것이 좋으며, 시간이 넉넉하거나 원이 간절할 때는 3번 정도 쓰는 것이 바람직합니다. 시간을 내기 어려우면 전체를 세 부분(제목~38 기수무량불가설까지 40게송, 39선재동자선지식~78 역부여시상설법까지 40게송, 79 육육육사급여삼~끝까지 30게송)으로 나누어 3분의 1씩 쓰되, 오늘 쓰지 않은 부분(3분의 2)은 독송을 하기 바랍니다.

③ 매일 쓰다가 부득이한 일이 발생하여 못 쓰게 될 경우가 있습니다. 그때는 꼭 부처님께 못 쓰게 된 사정을 고하여 마음속으로 '다음 날 또는 사경 기간을 하루 더 연장하여 반드시 쓰겠다'고 약속하면 됩니다.

※ 사경을 할 때는 연필·볼펜 또는 가는 수성펜 등으로 쓰면 좋습니다.

※ 사경한 다음, 어떻게 처리해야 되느냐를 묻는 이들이 많은데, 정성껏 쓴 사경집을 집안에 두면 불은이 충만하고 삿된 기운이 침범하지 못하게 되므로, 집안에서 좋다고 생각되는 위치에 잘 모셔 두십시오. 경전을 태우는 것은 큰 불경이므로 함부로 태우면 안 됩니다.

깊은 믿음으로 환희심을 품고 화엄경 약찬게 사경을 하면 대우주 법계에 가득한 불보살님의 가피를 입어 소원을 원만하게 성취함은 물론이요 크나큰 향상과 깨달음이 함께 한다고 하였습니다.
여법히 잘 사경하시기를 두 손 모아 축원드립니다.
나무 대방광불화엄경 용수보살약찬게

화엄경 약찬게 사경 발원문

개경게

開經偈

가장 높고 심히 깊은 부처님 법문
백천만 겁 지나간들 어찌 만나리
저희 이제 보고 듣고 받아 지녀서
부처님의 진실한 뜻 깨치오리다

무상심심미묘법
無上甚深微妙法
백천만겁난조우
百千萬劫難遭遇
아금문견득수지
我今聞見得受持
원해여래진실의
願解如來眞實意

개법장진언 옴 아라남 아라다 (3번)

나무 대방광불화엄경 용수보살약찬게 (3번)

10

大方廣佛華嚴經　龍樹菩薩略纂偈
대방광불화엄경　용수보살약찬게

나무화장세계해
1 南無華藏世界海
화장세계 향수해의 연꽃위에 앉아계신

비로자나진법신
2 毘盧遮那眞法身
한결같은 참된법신 비로자나 부처님과

현재설법노사나
3 現在說法盧舍那
지금법을 설하시는 원만보신 노사나불

석가모니제여래
4 釋迦牟尼諸如來
천백억의 석가모니 화신불께귀의합니다

과거현재미래세
5 過去現在未來世
지난세상 지금세상 미래세상 어느때나

시방일체제대성
6 十方一切諸大聖
시방세계 계시옵는 거룩하신 성인들이

근본화엄전법륜
7 根本華嚴轉法輪
화엄경을 근본삼아 법륜두루 굴리심은

해인삼매세력고
8 海印三昧勢力故
선정지혜 함께갖춘 화엄삼매 힘입니다

보현보살제대중
9 普賢菩薩諸大衆
보현보살 뒤따르는 여러보살 대중들과

집금강신신중신
10 執金剛神身衆神
금강저를 가진신과 여러몸을 가진신중

11	족행신중도량신 足行神衆道場神	걸음빠른 족행신중 절지키는 도량신중
12	주성신중주지신 主城神衆主地神	성지키는 주성신중 땅지키는 주지신중
13	주산신중주림신 主山神衆主林神	산지키는 주산신중 숲지키는 주림신중
14	주약신중주가신 主藥神衆主稼神	약과곡식 주관하는 주약신중 주가신중
15	주하신중주해신 主河神衆主海神	강과바다 주관하는 주하신중 주해신중
16	주수신중주화신 主水神衆主火神	물과불을 주관하는 주수신중 주화신중
17	주풍신중주공신 主風神衆主空神	바람허공 주관하는 주풍신중 주공신중
18	주방신중주야신 主方神衆主夜神	방위와밤 주관하는 주방신중 주야신중
19	주주신중아수라 主晝神衆阿修羅	낮을맡은 주주신중 투쟁의신 아수라왕
20	가루라왕긴나라 迦樓羅王緊那羅	새들의왕 가루라와 가무의신 긴나라왕
21	마후라가야차왕 摩睺羅伽夜叉王	음악의신 마후라가 위세가큰 야차왕과
22	제대용왕구반다 諸大龍王鳩槃茶	법지키는 제대용왕 정기먹는 구반다왕
23	건달바왕월천자 乾闥婆王月天子	향기먹는 건달바왕 달의신인 월천자와
24	일천자중도리천 日天子衆忉利天	태양의신 일천자와 도리천의 제석천왕
25	야마천왕도솔천 夜摩天王兜率天	욕계삼천 야마천왕 욕계사천 도솔천왕
26	화락천왕타화천 化樂天王他化天	욕계오천 화락천왕 제육천의 자재천왕
27	대범천왕광음천 大梵天王光音天	색계초선 대범천왕 이선천의 광음천왕

28	변정천왕광과천 遍淨天王廣果天	삼선천의 변정천왕 사선천의 광과천왕
29	대자재왕불가설 大自在王不可說	대자재천 비롯하여 천왕천신 한량없네
30	보현문수대보살 普賢文殊大菩薩	화엄경의 설주이신 보현문수 대보살님
31	법혜공덕금강당 法慧功德金剛幢	법혜보살 비롯하여 공덕림과 금강당과
32	금강장급금강혜 金剛藏及金剛慧	금강장및 금강혜가 오십이위 설했도다
33	광염당급수미당 光焰幢及須彌幢	광염당과 수미당이 입법계품 문을열자
34	대덕성문사리자 大德聲聞舍利子	대덕성문 사리자가 문수보살 찾았으니
35	급여비구해각등 及與比丘海覺等	그를따라 해각등의 육천여명 비구들과
36	우바새장우바이 優婆塞長優婆夷	복성사는 오백쌍의 우바새와 우바이들
37	선재동자동남녀 善財童子童男女	선재동자 위시로한 오백동남 오백동녀
38	기수무량불가설 其數無量不可說	한량없는 무리들이 문수보살 찾아왔네
39	선재동자선지식 善財童子善知識	선재동자 오십삼인 선지식을 친견하니
40	문수사리최제일 文殊舍利最第一	문수보살 처음만나 십신법문 배운다음
41	덕운해운선주승 德雲海雲善住僧	십주법문 배우고자 덕운해운 선주비구
42	미가해탈여해당 彌伽解脫與海幢	미가장자 해탈장자 해당비구 비롯하여

휴사비목구사선 43 休舍毘目瞿沙仙	재가보살 휴사녀와 비목구사 선인찾고
승열바라자행녀 44 勝熱婆羅慈行女	승열이란 바라문과 자행동녀 친견했네

선견자재주동자 45 善見自在主童子	십행법문 배우고자 선견비구 자재주와
구족우바명지사 46 具足優婆明智士	구족이란 우바이와 복덕장인 명지거사
법보계장여보안 47 法寶髻長與普眼	무량복덕 법보계와 병고치는 보안장자
무염족왕대광왕 48 無厭足王大光王	험상궂은 무염족왕 자애로운 대광왕과
부동우바변행외 49 不動優婆遍行外	재가보살 부동녀와 변행외도 친견했네

우바라화장자인 50 優婆羅華長者人	십회향법 이루고자 우바라화 장자찾고
바시라선무상승 51 婆施羅船無上勝	뱃사공인 바시라와 다툼없는 무상승과
사자빈신바수밀 52 獅子嚬伸婆須密	사자빈신 비구니와 바수밀다 여인찾고
비슬지라거사인 53 毘瑟祇羅居士人	비슬지라 거사에게 열반법문 배운다음
관자재존여정취 54 觀自在尊與正趣	대자대비 관자재와 광명자재 정취보살
대천안주주지신 55 大天安住主地神	대천신과 안주라는 땅의신을 친견했네

바산바연주야신 56 婆珊婆演主夜神	십지법문 배우고자 바산바연 주야신과

57	보덕정광주야신 普德淨光主夜神	공덕바다 일러주는 보덕정광 주야신과
58	희목관찰중생신 喜目觀察衆生神	중생들을 희목으로 관찰하는 주야신과
59	보구중생묘덕신 普救衆生妙德神	중생두루 구제하는 보구중생 묘덕신과
60	적정음해주야신 寂靜音海主夜神	적정음해 관장하는 적정음해 주야신과
61	수호일체주야신 守護一切主夜神	모든정법 잘지키는 수호일체 주야신과
62	개부수화주야신 開敷樹華主夜神	나무의꽃 피워내는 개부수화 주야신과
63	대원정진력구호 大願精進力救護	정진력과 대원갖춘 대원정진 주야신과
64	묘덕원만구바녀 妙德圓滿瞿婆女	묘덕원만 주야신과 구바녀를 찾았도다

65	마야부인천주광 摩耶夫人天主光	등각의법 이루고자 마야부인 천주광과
66	변우동자중예각 遍友童子衆藝覺	가비라국 변우동자 예능능한 중예동자
67	현승견고해탈장 賢勝堅固解脫長	지혜밝은 현승녀와 견고해탈 장자찾고
68	묘월장자무승군 妙月長者無勝軍	해탈구족 묘월장자 무애무적 무승군과
69	최적정바라문자 最寂靜婆羅門者	늘진실된 말을하는 바라문인 최적정과
70	덕생동자유덕녀 德生童子有德女	덕생동자 유덕동녀 함께만나 법들었네

71	미륵보살문수등 彌勒菩薩文殊等	미륵보살 친견한뒤 문수보살 다시찾고

	한자	한글
72	보현보살미진중 菩賢菩薩微塵衆	보현보살 친견하니 미진수의 대중들이
73	어차법회운집래 於此法會雲集來	이법회에 구름처럼 남김없이 모여들어
74	상수비로자나불 常隨毘盧遮那佛	어느때나 비로자나 부처님을 따르나니
75	어연화장세계해 於蓮華藏世界海	부처님은 저 광대한 연화장의 세계에서
76	조화장엄대법륜 造化莊嚴大法輪	큰법륜을 굴리시어 조화롭게 장엄하며
77	시방허공제세계 十方虛空諸世界	시방허공 속에있는 한량없는 세계에서
78	역부여시상설법 亦復如是常說法	또한다시 이와같이 항상설법 하고있네

[화엄경은 7처 9회 법회에서 39품 설했나니]

	한자	한글
79	육육육사급여삼 六六六四及與三	일이삼회 각6품에 사회4품 오회3품
80	일십일일역부일 一十一一亦復一	육회1품 칠회11품 팔구1품 씩이로다

[제1 보리도량 법회에서 6품을 설하시니]

	한자	한글
81	세주묘엄여래상 世主妙嚴如來相	제1세주묘엄품과 제2여래현상품
82	보현삼매세계성 普賢三昧世界成	제3보현삼매품과 제4세계성취품
83	화장세계노사나 華藏世界盧舍那	제5화장세계품과 제6비로자나품을

[제2 보광명전 법회에서는 6품을 설하시니]

제7은 여래명호품 제8은 사성제품

제9는 광명각품 제10은 보살문명품

제11 정행품 제12 현수품을 설했으며

[제3 도리천궁 법회에서는] 제13 수미산정품

제14 수미정상게찬품을 설한 다음

제15 보살십주품과 제16 범행품

제17 초발심공덕품과 제18 명법품을

[제4 야마천궁에서는] 제19 승야마천궁품

제20 야마천궁게찬품을 설한 다음

제21 십행품과 제22 십무진장품을

[제5 도솔천궁에서는] 제23 승도솔천궁품

제24 도솔천궁게찬품을 설한 다음

제25 십회향품을 설하여 마쳤으며

[제6 타화자재천에서는] 제26 십지품을 설했도다

[제7 보광명전 법회에서는]

제27 십정품 제28 십통품 제29 십인품

제30 아승지품과 제31 여래수량품

보 살 주 처 불 부 사
98 菩薩住處佛不思 　　제32 보살주처품과 제33 불부사의법품

여 래 십 신 상 해 품
99 如來十身相海品 　　제34 여래십신상해품을 설했으며

여 래 수 호 공 덕 품
100 如來隨好功德品 　　제35 여래수호광명공덕품에 이어

보 현 행 급 여 래 출
101 普賢行及如來出 　　제36 보현행품 제37 여래출현품을

이 세 간 품 입 법 계
102 離世間品入法界 　　[제8 보광명전에서는] 제38 이세간품 설하였고

　　[제9 서다원림에서는] 제39 입법계품 설했도다

시 위 십 만 게 송 경
103 是爲十萬偈頌經 　　이들속에 화엄경의 십만게송 갖췄으니

삼 십 구 품 원 만 교
104 三十九品圓滿敎 　　삼십구품 그지없는 일승원만 교설일세

풍 송 차 경 신 수 지
105 諷誦此經信受持 　　이경전을 읽고믿고 잘받아서 지닐지면

초 발 심 시 변 정 각
106 初發心時便正覺 　　초발심을 발한그때 큰정각을 이루어서

안 좌 여 시 국 토 해
107 安坐如是國土海 　　연화장의 불국토에 편안하게 앉게되니

시 명 비 로 자 나 불
108 是名毘盧遮那佛 　　이를일러 비로자나 부처라고 이름하네

불기 25 　 년 　 월 　 일 불자 　　　　제 　 회 사경

18

大方廣佛華嚴經　龍樹菩薩略纂偈
대방광불화엄경　용수보살약찬게

나무화장세계해
1 南無華藏世界海　화장세계 향수해의 연꽃위에 앉아계신

비로자나진법신
2 毘盧遮那眞法身　한결같은 참된법신 비로자나 부처님과

현재설법노사나
3 現在說法盧舍那　지금법을 설하시는 원만보신 노사나불

석가모니제여래
4 釋迦牟尼諸如來　천백억의 석가모니 화신불께귀의합니다

과거현재미래세
5 過去現在未來世　지난세상 지금세상 미래세상 어느때나

시방일체제대성
6 十方一切諸大聖　시방세계 계시옵는 거룩하신 성인들이

근본화엄전법륜
7 根本華嚴轉法輪　화엄경을 근본삼아 법륜두루 굴리심은

해인삼매세력고
8 海印三昧勢力故　선정지혜 함께갖춘 화엄삼매 힘입니다

보현보살제대중
9 普賢菩薩諸大衆　보현보살 뒤따르는 여러보살 대중들과

집금강신신중신
10 執金剛神身衆神　금강저를 가진신과 여러몸을 가진신중

	한자	한글
11	족행신중도량신 足行神衆道場神	걸음빠른 족행신중 절지키는 도량신중
12	주성신중주지신 主城神衆主地神	성지키는 주성신중 땅지키는 주지신중
13	주산신중주림신 主山神衆主林神	산지키는 주산신중 숲지키는 주림신중
14	주약신중주가신 主藥神衆主稼神	약과곡식 주관하는 주약신중 주가신중
15	주하신중주해신 主河神衆主海神	강과바다 주관하는 주하신중 주해신중
16	주수신중주화신 主水神衆主火神	물과불을 주관하는 주수신중 주화신중
17	주풍신중주공신 主風神衆主空神	바람허공 주관하는 주풍신중 주공신중
18	주방신중주야신 主方神衆主夜神	방위와밤 주관하는 주방신중 주야신중
19	주주신중아수라 主晝神衆阿修羅	낮을맡은 주주신중 투쟁의신 아수라왕
20	가루라왕긴나라 迦樓羅王緊那羅	새들의왕 가루라와 가무의신 긴나라왕
21	마후라가야차왕 摩睺羅伽夜叉王	음악의신 마후라가 위세가큰 야차왕과
22	제대용왕구반다 諸大龍王鳩槃茶	법지키는 제대용왕 정기먹는 구반다왕
23	건달바왕월천자 乾闥婆王月天子	향기먹는 건달바왕 달의신인 월천자와
24	일천자중도리천 日天子衆忉利天	태양의신 일천자와 도리천의 제석천왕
25	야마천왕도솔천 夜摩天王兜率天	욕계삼천 야마천왕 욕계사천 도솔천왕
26	화락천왕타화천 化樂天王他化天	욕계오천 화락천왕 제육천의 자재천왕
27	대범천왕광음천 大梵天王光音天	색계초선 대범천왕 이선천의 광음천왕

	변정천왕광과천	
28	遍淨天王廣果天	삼선천의 변정천왕 사선천의 광과천왕
	대자재왕불가설	
29	大自在王不可說	대자재천 비롯하여 천왕천신 한량없네
	보현문수대보살	
30	普賢文殊大菩薩	화엄경의 설주이신 보현문수 대보살님
	법혜공덕금강당	
31	法慧功德金剛幢	법혜보살 비롯하여 공덕림과 금강당과
	금강장급금강혜	
32	金剛藏及金剛慧	금강장및 금강혜가 오십이위 설했도다

	광염당급수미당	
33	光焰幢及須彌幢	광염당과 수미당이 입법계품 문을열자
	대덕성문사리자	
34	大德聲聞舍利子	대덕성문 사리자가 문수보살 찾았으니
	급여비구해각등	
35	及與比丘海覺等	그를따라 해각등의 육천여명 비구들과
	우바새장우바이	
36	優婆塞長優婆夷	복성사는 오백쌍의 우바새와 우바이들
	선재동자동남녀	
37	善財童子童男女	선재동자 위시로한 오백동남 오백동녀
	기수무량불가설	
38	其數無量不可說	한량없는 무리들이 문수보살 찾아왔네

	선재동자선지식	
39	善財童子善知識	선재동자 오십삼인 선지식을 친견하니
	문수사리최제일	
40	文殊舍利最第一	문수보살 처음만나 십신법문 배운다음
	덕운해운선주승	
41	德雲海雲善住僧	십주법문 배우고자 덕운해운 선주비구
	미가해탈여해당	
42	彌伽解脫與海幢	미가장자 해탈장자 해당비구 비롯하여

휴사비목구사선
43 休舍毘目瞿沙仙　　재가보살 휴사녀와 비목구사 선인찾고

승열바라자행녀
44 勝熱婆羅慈行女　　승열이란 바라문과 자행동녀 친견했네

선견자재주동자
45 善見自在主童子　　십행법문 배우고자 선견비구 자재주와

구족우바명지사
46 具足優婆明智士　　구족이란 우바이와 복덕장인 명지거사

법보계장여보안
47 法寶髻長與普眼　　무량복덕 법보계와 병고치는 보안장자

무염족왕대광왕
48 無厭足王大光王　　험상궂은 무염족왕 자애로운 대광왕과

부동우바변행외
49 不動優婆遍行外　　재가보살 부동녀와 변행외도 친견했네

우바라화장자인
50 優婆羅華長者人　　십회향법 이루고자 우바라화 장자찾고

바시라선무상승
51 婆施羅船無上勝　　뱃사공인 바시라와 다틈없는 무상승과

사자빈신바수밀
52 獅子嚬伸婆須密　　사자빈신 비구니와 바수밀다 여인찾고

비슬지라거사인
53 毘瑟祗羅居士人　　비슬지라 거사에게 열반법문 배운다음

관자재존여정취
54 觀自在尊與正趣　　대자대비 관자재와 광명자재 정취보살

대천안주주지신
55 大天安住主地神　　대천신과 안주라는 땅의신을 친견했네

바산바연주야신
56 婆珊婆演主夜神　　십지법문 배우고자 바산바연 주야신과

22

	한자	한글 풀이
57	보덕정광주야신 普德淨光主夜神	공덕바다 일러주는 보덕정광 주야신과
58	희목관찰중생신 喜目觀察衆生神	중생들을 희목으로 관찰하는 주야신과
59	보구중생묘덕신 普救衆生妙德神	중생두루 구제하는 보구중생 묘덕신과
60	적정음해주야신 寂靜音海主夜神	적정음해 관장하는 적정음해 주야신과
61	수호일체주야신 守護一切主夜神	모든정법 잘지키는 수호일체 주야신과
62	개부수화주야신 開敷樹華主夜神	나무의꽃 피워내는 개부수화 주야신과
63	대원정진력구호 大願精進力救護	정진력과 대원갖춘 대원정진 주야신과
64	묘덕원만구바녀 妙德圓滿瞿婆女	묘덕원만 주야신과 구바녀를 찾았도다

	한자	한글 풀이
65	마야부인천주광 摩耶夫人天主光	등각의법 이루고자 마야부인 천주광과
66	변우동자중예각 遍友童子衆藝覺	가비라국 변우동자 예능능한 중예동자
67	현승견고해탈장 賢勝堅固解脫長	지혜밝은 현승녀와 견고해탈 장자찾고
68	묘월장자무승군 妙月長者無勝軍	해탈구족 묘월장자 무애무적 무승군과
69	최적정바라문자 最寂靜婆羅門者	늘진실된 말을하는 바라문인 최적정과
70	덕생동자유덕녀 德生童子有德女	덕생동자 유덕동녀 함께만나 법들었네

	한자	한글 풀이
71	미륵보살문수등 彌勒菩薩文殊等	미륵보살 친견한뒤 문수보살 다시찾고

보현보살미진중
72 菩賢菩薩微塵衆
보현보살 친견하니 미진수의 대중들이

어차법회운집래
73 於此法會雲集來
이법회에 구름처럼 남김없이 모여들어

상수비로자나불
74 常隨毘盧遮那佛
어느때나 비로자나 부처님을 따르나니

어연화장세계해
75 於蓮華藏世界海
부처님은 저 광대한 연화장의 세계에서

조화장엄대법륜
76 造化莊嚴大法輪
큰법륜을 굴리시어 조화롭게 장엄하며

시방허공제세계
77 十方虛空諸世界
시방허공 속에있는 한량없는 세계에서

역부여시상설법
78 亦復如是常說法
또한다시 이와같이 항상설법 하고있네

[화엄경은 7처 9회 법회에서 39품 설했나니]

육육육사급여삼
79 六六六四及與三
일이삼회 각6품에 사회4품 오회3품

일십일일역부일
80 一十一一亦復一
육회1품 칠회11품 팔구1품 씩이로다

[제1 보리도량 법회에서 6품을 설하시니]

세주묘엄여래상
81 世主妙嚴如來相
제1 세주묘엄품과 제2 여래현상품

보현삼매세계성
82 普賢三昧世界成
제3 보현삼매품과 제4 세계성취품

화장세계노사나
83 華藏世界盧舍那
제5 화장세계품과 제6 비로자나품을

[제2 보광명전 법회에서는 6품을 설하시니]

24

84	여래명호사성제 如來名號四聖諦
85	광명각품문명품 光明覺品問明品
86	정행현수수미정 淨行賢首須彌頂

제7은 여래명호품 제8은 사성제품

제9는 광명각품 제10은 보살문명품

제11 정행품 제12 현수품을 설했으며

[제3 도리천궁 법회에서는] 제13 수미산정품

87	수미정상게찬품 須彌頂上偈讚品
88	보살십주범행품 菩薩十住梵行品
89	발심공덕명법품 發心功德明法品

제14 수미정상게찬품을 설한 다음

제15 보살십주품과 제16 범행품

제17 초발심공덕품과 제18 명법품을

90	불승야마천궁품 佛昇夜摩天宮品
91	야마천궁게찬품 夜摩天宮偈讚品
92	십행품여무진장 十行品與無盡藏

[제4 야마천궁에서는] 제19 승야마천궁품

제20 야마천궁게찬품을 설한 다음

제21 십행품과 제22 십무진장품을

93	불승도솔천궁품 佛昇兜率天宮品
94	도솔천궁게찬품 兜率天宮偈讚品
95	십회향급십지품 十廻向及十地品

[제5 도솔천궁에서는] 제23 승도솔천궁품

제24 도솔천궁게찬품을 설한 다음

제25 십회향품을 설하여 마쳤으며

[제6 타화자재천에서는] 제26 십지품을 설했도다

[제7 보광명전 법회에서는]

96	십정십통십인품 十定十通十忍品
97	아승지품여수량 阿僧祇品與壽量

제27 십정품 제28 십통품 제29 십인품

제30 아승지품과 제31 여래수량품

보살주처불부사
98 菩薩住處佛不思　제32 보살주처품과 제33 불부사의법품

여래십신상해품
99 如來十身相海品　제34 여래십신상해품을 설했으며

여래수호공덕품
100 如來隨好功德品　제35 여래수호광명공덕품에 이어

보현행급여래출
101 普賢行及如來出　제36 보현행품 제37 여래출현품을

이세간품입법계
102 離世間品入法界　[제8 보광명전에서는] 제38 이세간품 설하였고

[제9 서다원림에서는] 제39 입법계품 설했도다

시위십만게송경
103 是爲十萬偈頌經　이들속에 화엄경의 십만게송 갖췄으니

삼십구품원만교
104 三十九品圓滿教　삼십구품 그지없는 일승원만 교설일세

풍송차경신수지
105 諷訟此經信受持　이경전을 읽고믿고 잘받아서 지닐지면

초발심시변정각
106 初發心時便正覺　초발심을 발한그때 큰정각을 이루어서

안좌여시국토해
107 安坐如是國土海　연화장의 불국토에 편안하게 앉게되니

시명비로자나불
108 是名毘盧遮那佛　이를일러 비로자나 부처라고 이름하네

불기 25　년　월　일 불자　　제　회 사경

大方廣佛華嚴經 龍樹菩薩略纂偈
대방광불화엄경 용수보살약찬게

나무화장세계해
1 南無華藏世界海 화장세계 향수해의 연꽃위에 앉아계신

비로자나진법신
2 毘盧遮那眞法身 한결같은 참된법신 비로자나 부처님과

현재설법노사나
3 現在說法盧舍那 지금법을 설하시는 원만보신 노사나불

석가모니제여래
4 釋迦牟尼諸如來 천백억의 석가모니 화신불께귀의합니다

과거현재미래세
5 過去現在未來世 지난세상 지금세상 미래세상 어느때나

시방일체제대성
6 十方一切諸大聖 시방세계 계시옵는 거룩하신 성인들이

근본화엄전법륜
7 根本華嚴轉法輪 화엄경을 근본삼아 법륜두루 굴리심은

해인삼매세력고
8 海印三昧勢力故 선정지혜 함께갖춘 화엄삼매 힘입니다

보현보살제대중
9 普賢菩薩諸大衆 보현보살 뒤따르는 여러보살 대중들과

집금강신신중신
10 執金剛神身衆神 금강저를 가진신과 여러몸을 가진신중

11 족행신중도량신 足行神衆道場神	걸음빠른 족행신중 절지키는 도량신중
12 주성신중주지신 主城神衆主地神	성지키는 주성신중 땅지키는 주지신중
13 주산신중주림신 主山神衆主林神	산지키는 주산신중 숲지키는 주림신중
14 주약신중주가신 主藥神衆主稼神	약과곡식 주관하는 주약신중 주가신중
15 주하신중주해신 主河神衆主海神	강과바다 주관하는 주하신중 주해신중
16 주수신중주화신 主水神衆主火神	물과불을 주관하는 주수신중 주화신중
17 주풍신중주공신 主風神衆主空神	바람허공 주관하는 주풍신중 주공신중
18 주방신중주야신 主方神衆主夜神	방위와밤 주관하는 주방신중 주야신중
19 주주신중아수라 主晝神衆阿修羅	낮을맡은 주주신중 투쟁의신 아수라왕
20 가루라왕긴나라 迦樓羅王緊那羅	새들의왕 가루라와 가무의신 긴나라왕
21 마후라가야차왕 摩睺羅伽夜叉王	음악의신 마후라가 위세가큰 야차왕과
22 제대용왕구반다 諸大龍王鳩槃茶	법지키는 제대용왕 정기먹는 구반다왕
23 건달바왕월천자 乾闥婆王月天子	향기먹는 건달바왕 달의신인 월천자와
24 일천자중도리천 日天子衆忉利天	태양의신 일천자와 도리천의 제석천왕
25 야마천왕도솔천 夜摩天王兜率天	욕계삼천 야마천왕 욕계사천 도솔천왕
26 화락천왕타화천 化樂天王他化天	욕계오천 화락천왕 제육천의 자재천왕
27 대범천왕광음천 大梵天王光音天	색계초선 대범천왕 이선천의 광음천왕

28	변 정 천 왕 광 과 천 遍淨天王廣果天	삼선천의 변정천왕 사선천의 광과천왕
29	대 자 재 왕 불 가 설 大自在王不可說	대자재천 비롯하여 천왕천신 한량없네
30	보 현 문 수 대 보 살 普賢文殊大菩薩	화엄경의 설주이신 보현문수 대보살님
31	법 혜 공 덕 금 강 당 法慧功德金剛幢	법혜보살 비롯하여 공덕림과 금강당과
32	금 강 장 급 금 강 혜 金剛藏及金剛慧	금강장및 금강혜가 오십이위 설했도다
33	광 염 당 급 수 미 당 光焰幢及須彌幢	광염당과 수미당이 입법계품 문을열자
34	대 덕 성 문 사 리 자 大德聲聞舍利子	대덕성문 사리자가 문수보살 찾았으니
35	급 여 비 구 해 각 등 及與比丘海覺等	그를따라 해각등의 육천여명 비구들과
36	우 바 새 장 우 바 이 優婆塞長優婆夷	복성사는 오백쌍의 우바새와 우바이들
37	선 재 동 자 동 남 녀 善財童子童男女	선재동자 위시로한 오백동남 오백동녀
38	기 수 무 량 불 가 설 其數無量不可說	한량없는 무리들이 문수보살 찾아왔네
39	선 재 동 자 선 지 식 善財童子善知識	선재동자 오십삼인 선지식을 친견하니
40	문 수 사 리 최 제 일 文殊舍利最第一	문수보살 처음만나 십신법문 배운다음
41	덕 운 해 운 선 주 승 德雲海雲善住僧	십주법문 배우고자 덕운해운 선주비구
42	미 가 해 탈 여 해 당 彌伽解脫與海幢	미가장자 해탈장자 해당비구 비롯하여

43 休舍毘目瞿沙仙
휴 사 비 목 구 사 선
재가보살 휴사녀와 비목구사 선인찾고

44 勝熱婆羅慈行女
승 열 바 라 자 행 녀
승열이란 바라문과 자행동녀 친견했네

45 善見自在主童子
선 견 자 재 주 동 자
십행법문 배우고자 선견비구 자재주와

46 具足優婆明智士
구 족 우 바 명 지 사
구족이란 우바이와 복덕장인 명지거사

47 法寶髻長與普眼
법 보 계 장 여 보 안
무량복덕 법보계와 병고치는 보안장자

48 無厭足王大光王
무 염 족 왕 대 광 왕
험상궂은 무염족왕 자애로운 대광왕과

49 不動優婆遍行外
부 동 우 바 변 행 외
재가보살 부동녀와 변행외도 친견했네

50 優婆羅華長者人
우 바 라 화 장 자 인
십회향법 이루고자 우바라화 장자찾고

51 婆施羅船無上勝
바 시 라 선 무 상 승
뱃사공인 바시라와 다름없는 무상승과

52 獅子嚬伸婆須密
사 자 빈 신 바 수 밀
사자빈신 비구니와 바수밀다 여인찾고

53 毘瑟祗羅居士人
비 슬 지 라 거 사 인
비슬지라 거사에게 열반법문 배운다음

54 觀自在尊與正趣
관 자 재 존 여 정 취
대자대비 관자재와 광명자재 정취보살

55 大天安住主地神
대 천 안 주 주 지 신
대천신과 안주라는 땅의신을 친견했네

56 婆珊婆演主夜神
바 산 바 연 주 야 신
십지법문 배우고자 바산바연 주야신과

57	보덕정광주야신 普德淨光主夜神	공덕바다 일러주는 보덕정광 주야신과
58	희목관찰중생신 喜目觀察衆生神	중생들을 희목으로 관찰하는 주야신과
59	보구중생묘덕신 普救衆生妙德神	중생두루 구제하는 보구중생 묘덕신과
60	적정음해주야신 寂靜音海主夜神	적정음해 관장하는 적정음해 주야신과
61	수호일체주야신 守護一切主夜神	모든정법 잘지키는 수호일체 주야신과
62	개부수화주야신 開敷樹華主夜神	나무의꽃 피워내는 개부수화 주야신과
63	대원정진력구호 大願精進力救護	정진력과 대원갖춘 대원정진 주야신과
64	묘덕원만구바녀 妙德圓滿瞿婆女	묘덕원만 주야신과 구바녀를 찾았도다
65	마야부인천주광 摩耶夫人天主光	등각의법 이루고자 마야부인 천주광과
66	변우동자중예각 遍友童子衆藝覺	가비라국 변우동자 예능능한 중예동자
67	현승견고해탈장 賢勝堅固解脫長	지혜밝은 현승녀와 견고해탈 장자찾고
68	묘월장자무승군 妙月長者無勝軍	해탈구족 묘월장자 무애무적 무승군과
69	최적정바라문자 最寂靜婆羅門者	늘진실된 말을하는 바라문인 최적정과
70	덕생동자유덕녀 德生童子有德女	덕생동자 유덕동녀 함께만나 법들었네
71	미륵보살문수등 彌勒菩薩文殊等	미륵보살 친견한뒤 문수보살 다시찾고

보현보살미진중 72 普賢菩薩微塵衆	보현보살 친견하니 미진수의 대중들이
어차법회운집래 73 於此法會雲集來	이법회에 구름처럼 남김없이 모여들어
상수비로자나불 74 常隨毘盧遮那佛	어느때나 비로자나 부처님을 따르나니
어연화장세계해 75 於蓮華藏世界海	부처님은 저 광대한 연화장의 세계에서
조화장엄대법륜 76 造化莊嚴大法輪	큰법륜을 굴리시어 조화롭게 장엄하며
시방허공제세계 77 十方虛空諸世界	시방허공 속에있는 한량없는 세계에서
역부여시상설법 78 亦復如是常說法	또한다시 이와같이 항상설법 하고있네

[화엄경은 7처 9회 법회에서 39품 설했나니]

육육육사급여삼 79 六六六四及與三	일이삼회 각6품에 사회4품 오회3품
일십일일역부일 80 一十一一亦復一	육회1품 칠회11품 팔구1품 씩이로다

[제1 보리도량 법회에서 6품을 설하시니]

세주묘엄여래상 81 世主妙嚴如來相	제1세주묘엄품과 제2여래현상품
보현삼매세계성 82 普賢三昧世界成	제3보현삼매품과 제4세계성취품
화장세계노사나 83 華藏世界盧舍那	제5화장세계품과 제6비로자나품을

[제2 보광명전 법회에서는 6품을 설하시니]

84	여래명호사성제 如來名號四聖諦	제7은 여래명호품 제8은 사성제품
85	광명각품문명품 光明覺品問明品	제9는 광명각품 제10은 보살문명품
86	정행현수수미정 淨行賢首須彌頂	제11 정행품 제12 현수품을 설했으며

[제3 도리천궁 법회에서는] 제13 수미산정품

87	수미정상게찬품 須彌頂上偈讚品	제14 수미정상게찬품을 설한 다음
88	보살십주범행품 菩薩十住梵行品	제15 보살십주품과 제16 범행품
89	발심공덕명법품 發心功德明法品	제17 초발심공덕품과 제18 명법품을
90	불승야마천궁품 佛昇夜摩天宮品	[제4 야마천궁에서는] 제19 승야마천궁품
91	야마천궁게찬품 夜摩天宮偈讚品	제20 야마천궁게찬품을 설한 다음
92	십행품여무진장 十行品與無盡藏	제21 십행품과 제22 십무진장품을
93	불승도솔천궁품 佛昇兜率天宮品	[제5 도솔천궁에서는] 제23 승도솔천궁품
94	도솔천궁게찬품 兜率天宮偈讚品	제24 도솔천궁게찬품을 설한 다음
95	십회향급십지품 十廻向及十地品	제25 십회향품을 설하여 마쳤으며

[제6 타화자재천에서는] 제26 십지품을 설했도다

[제7 보광명전 법회에서는]

96	십정십통십인품 十定十通十忍品	제27 십정품 제28 십통품 제29 십인품
97	아승지품여수량 阿僧祇品與壽量	제30 아승지품과 제31 여래수량품

보살주처불부사
98 菩薩住處佛不思

여래십신상해품
99 如來十身相海品

여래수호공덕품
100 如來隨好功德品

보현행급여래출
101 普賢行及如來出

이세간품입법계
102 離世間品入法界

제32 보살주처품과 제33 불부사의법품

제34 여래십신상해품을 설했으며

제35 여래수호광명공덕품에 이어

제36 보현행품 제37 여래출현품을

[제8 보광명전에서는] 제38 이세간품 설하였고

[제9 서다원림에서는] 제39 입법계품 설했도다

시위십만게송경
103 是爲十萬偈頌經

삼십구품원만교
104 三十九品圓滿敎

풍송차경신수지
105 諷誦此經信受持

초발심시변정각
106 初發心時便正覺

안좌여시국토해
107 安坐如是國土海

시명비로자나불
108 是名毘盧遮那佛

이들속에 화엄경의 십만게송 갖췄으니

삼십구품 그지없는 일승원만 교설일세

이경전을 읽고믿고 잘받아서 지닐지면

초발심을 발한그때 큰정각을 이루어서

연화장의 불국토에 편안하게 앉게되니

이를일러 비로자나 부처라고 이름하네

불기 25   년   월   일 불자   제   회 사경

34

大方廣佛華嚴經 龍樹菩薩略纂偈
대방광불화엄경 용수보살약찬게

나무화장세계해
1 南無華藏世界海 　화장세계 향수해의 연꽃위에 앉아계신

비로자나진법신
2 毘盧遮那眞法身 　한결같은 참된법신 비로자나 부처님과

현재설법노사나
3 現在說法盧舍那 　지금법을 설하시는 원만보신 노사나불

석가모니제여래
4 釋迦牟尼諸如來 　천백억의 석가모니 화신불께귀의합니다

과거현재미래세
5 過去現在未來世 　지난세상 지금세상 미래세상 어느때나

시방일체제대성
6 十方一切諸大聖 　시방세계 계시옵는 거룩하신 성인들이

근본화엄전법륜
7 根本華嚴轉法輪 　화엄경을 근본삼아 법륜두루 굴리심은

해인삼매세력고
8 海印三昧勢力故 　선정지혜 함께갖춘 화엄삼매 힘입니다

보현보살제대중
9 普賢菩薩諸大衆 　보현보살 뒤따르는 여러보살 대중들과

집금강신신중신
10 執金剛神身衆神 　금강저를 가진신과 여러몸을 가진신중

11	족행신중도량신 足行神衆道場神	걸음빠른 족행신중 절지키는 도량신중
12	주성신중주지신 主城神衆主地神	성지키는 주성신중 땅지키는 주지신중
13	주산신중주림신 主山神衆主林神	산지키는 주산신중 숲지키는 주림신중
14	주약신중주가신 主藥神衆主稼神	약과곡식 주관하는 주약신중 주가신중
15	주하신중주해신 主河神衆主海神	강과바다 주관하는 주하신중 주해신중
16	주수신중주화신 主水神衆主火神	물과불을 주관하는 주수신중 주화신중
17	주풍신중주공신 主風神衆主空神	바람허공 주관하는 주풍신중 주공신중
18	주방신중주야신 主方神衆主夜神	방위와밤 주관하는 주방신중 주야신중
19	주주신중아수라 主晝神衆阿修羅	낮을맡은 주주신중 투쟁의신 아수라왕
20	가루라왕긴나라 迦樓羅王緊那羅	새들의왕 가루라와 가무의신 긴나라왕
21	마후라가야차왕 摩睺羅伽夜叉王	음악의신 마후라가 위세가큰 야차왕과
22	제대용왕구반다 諸大龍王鳩槃茶	법지키는 제대용왕 정기먹는 구반다왕
23	건달바왕월천자 乾闥婆王月天子	향기먹는 건달바왕 달의신인 월천자와
24	일천자중도리천 日天子衆忉利天	태양의신 일천자와 도리천의 제석천왕
25	야마천왕도솔천 夜摩天王兜率天	욕계삼천 야마천왕 욕계사천 도솔천왕
26	화락천왕타화천 化樂天王他化天	욕계오천 화락천왕 제육천의 자재천왕
27	대범천왕광음천 大梵天王光音天	색계초선 대범천왕 이선천의 광음천왕

28	변정천왕광과천 遍淨天王廣果天	삼선천의 변정천왕 사선천의 광과천왕
29	대자재왕불가설 大自在王不可說	대자재천 비롯하여 천왕천신 한량없네
30	보현문수대보살 普賢文殊大菩薩	화엄경의 설주이신 보현문수 대보살님
31	법혜공덕금강당 法慧功德金剛幢	법혜보살 비롯하여 공덕림과 금강당과
32	금강장급금강혜 金剛藏及金剛慧	금강장및 금강혜가 오십이위 설했도다
33	광염당급수미당 光焰幢及須彌幢	광염당과 수미당이 입법계품 문을열자
34	대덕성문사리자 大德聲聞舍利子	대덕성문 사리자가 문수보살 찾았으니
35	급여비구해각등 及與比丘海覺等	그를따라 해각등의 육천여명 비구들과
36	우바새장우바이 優婆塞長優婆夷	복성사는 오백쌍의 우바새와 우바이들
37	선재동자동남녀 善財童子童男女	선재동자 위시로한 오백동남 오백동녀
38	기수무량불가설 其數無量不可說	한량없는 무리들이 문수보살 찾아왔네
39	선재동자선지식 善財童子善知識	선재동자 오십삼인 선지식을 친견하니
40	문수사리최제일 文殊舍利最第一	문수보살 처음만나 십신법문 배운다음
41	덕운해운선주승 德雲海雲善住僧	십주법문 배우고자 덕운해운 선주비구
42	미가해탈여해당 彌伽解脫與海幢	미가장자 해탈장자 해당비구 비롯하여

휴사비목구사선 43 休舍毘目瞿沙仙	재가보살 휴사녀와 비목구사 선인찾고
승열바라자행녀 44 勝熱婆羅慈行女	승열이란 바라문과 자행동녀 친견했네

선견자재주동자 45 善見自在主童子	십행법문 배우고자 선견비구 자재주와
구족우바명지사 46 具足優婆明智士	구족이란 우바이와 복덕장인 명지거사
법보계장여보안 47 法寶髻長與普眼	무량복덕 법보계와 병고치는 보안장자
무염족왕대광왕 48 無厭足王大光王	험상궂은 무염족왕 자애로운 대광왕과
부동우바변행외 49 不動優婆遍行外	재가보살 부동녀와 변행외도 친견했네

우바라화장자인 50 優婆羅華長者人	십회향법 이룩고자 우바라화 장자찾고
바시라선무상승 51 婆施羅船無上勝	뱃사공인 바시라와 다틈없는 무상승과
사자빈신바수밀 52 獅子嚬伸婆須密	사자빈신 비구니와 바수밀다 여인찾고
비슬지라거사인 53 毘瑟祇羅居士人	비슬지라 거사에게 열반법문 배운다음
관자재존여정취 54 觀自在尊與正趣	대자대비 관자재와 광명자재 정취보살
대천안주주지신 55 大天安住主地神	대천신과 안주라는 땅의신을 친견했네

바산바연주야신 56 婆珊婆演主夜神	십지법문 배우고자 바산바연 주야신과

57	보덕 정광 주야 신 普德淨光主夜神	공덕바다 일러주는 보덕정광 주야신과
58	희목 관찰 중생 신 喜目觀察衆生神	중생들을 희목으로 관찰하는 주야신과
59	보구 중생 묘덕 신 普救衆生妙德神	중생두루 구제하는 보구중생 묘덕신과
60	적정 음해 주야 신 寂靜音海主夜神	적정음해 관장하는 적정음해 주야신과
61	수호 일체 주야 신 守護一切主夜神	모든정법 잘지키는 수호일체 주야신과
62	개부 수화 주야 신 開敷樹華主夜神	나무의꽃 피워내는 개부수화 주야신과
63	대원 정진 력 구호 大願精進力救護	정진력과 대원갖춘 대원정진 주야신과
64	묘덕 원만 구바 녀 妙德圓滿瞿婆女	묘덕원만 주야신과 구바녀를 찾았도다

65	마야 부인 천 주광 摩耶夫人天主光	등각의법 이루고자 마야부인 천주광과
66	변우 동자 중예 각 遍友童子衆藝覺	가비라국 변우동자 예능능한 중예동자
67	현승 견고 해탈 장 賢勝堅固解脫長	지혜밝은 현승녀와 견고해탈 장자찾고
68	묘월 장자 무승 군 妙月長者無勝軍	해탈구족 묘월장자 무애무적 무승군과
69	최적 정 바라 문자 最寂靜婆羅門者	늘진실된 말을하는 바라문인 최적정과
70	덕생 동자 유덕 녀 德生童子有德女	덕생동자 유덕동녀 함께만나 법들었네

71	미륵 보살 문수 등 彌勒菩薩文殊等	미륵보살 친견한뒤 문수보살 다시찾고

	한문	한글
72	보현보살미진중 菩賢菩薩微塵衆	보현보살 친견하니 미진수의 대중들이
73	어차법회운집래 於此法會雲集來	이법회에 구름처럼 남김없이 모여들어
74	상수비로자나불 常隨毘盧遮那佛	어느때나 비로자나 부처님을 따르나니
75	어연화장세계해 於蓮華藏世界海	부처님은 저 광대한 연화장의 세계에서
76	조화장엄대법륜 造化莊嚴大法輪	큰법륜을 굴리시어 조화롭게 장엄하며
77	시방허공제세계 十方虛空諸世界	시방허공 속에있는 한량없는 세계에서
78	역부여시상설법 亦復如是常說法	또한다시 이와같이 항상설법 하고있네

[화엄경은 7처 9회 법회에서 39품 설했나니]

	한문	한글
79	육육육사급여삼 六六六四及與三	일이삼회 각6품에 사회4품 오회3품
80	일십일일역부일 一十一一亦復一	육회1품 칠회11품 팔구1품 씩이로다

[제1 보리도량 법회에서 6품을 설하시니]

	한문	한글
81	세주묘엄여래상 世主妙嚴如來相	제1 세주묘엄품과 제2 여래현상품
82	보현삼매세계성 普賢三昧世界成	제3 보현삼매품과 제4 세계성취품
83	화장세계노사나 華藏世界盧舍那	제5 화장세계품과 제6 비로자나품을

[제2 보광명전 법회에서는 6품을 설하시니]

40

제7은 여래명호품 제8은 사성제품

제9는 광명각품 제10은 보살문명품

제11 정행품 제12 현수품을 설했으며

[제3 도리천궁 법회에서는] 제13 수미산정품

제14 수미정상게찬품을 설한 다음

제15 보살십주품과 제16 범행품

제17 초발심공덕품과 제18 명법품을

[제4 야마천궁에서는] 제19 승야마천궁품

제20 야마천궁게찬품을 설한 다음

제21 십행품과 제22 십무진장품을

[제5 도솔천궁에서는] 제23 승도솔천궁품

제24 도솔천궁게찬품을 설한 다음

제25 십회향품을 설하여 마쳤으며

[제6 타화자재천에서는] 제26 십지품을 설했도다

[제7 보광명전 법회에서는]

제27 십정품 제28 십통품 제29 십인품

제30 아승지품과 제31 여래수량품

보살주처불부사 98 菩薩住處佛不思	제32 보살주처품과 제33 불부사의법품
여래십신상해품 99 如來十身相海品	제34 여래십신상해품을 설했으며
여래수호공덕품 100 如來隨好功德品	제35 여래수호광명공덕품에 이어
보현행급여래출 101 普賢行及如來出	제36 보현행품 제37 여래출현품을
이세간품입법계 102 離世間品入法界	[제8 보광명전에서는] 제38 이세간품 설하였고
	[제9 서다원림에서는] 제39 입법계품 설했도다
시위십만게송경 103 是爲十萬偈頌經	이들속에 화엄경의 십만게송 갖췄으니
삼십구품원만교 104 三十九品圓滿敎	삼십구품 그지없는 일승원만 교설일세
풍송차경신수지 105 諷訟此經信受持	이경전을 읽고믿고 잘받아서 지닐지면
초발심시변정각 106 初發心時便正覺	초발심을 발한그때 큰정각을 이루어서
안좌여시국토해 107 安坐如是國土海	연화장의 불국토에 편안하게 앉게되니
시명비로자나불 108 是名毘盧遮那佛	이를일러 비로자나 부처라고 이름하네

불기 25 년 월 일 불자   제 회 사경

42

大方廣佛華嚴經　龍樹菩薩略纂偈
대방광불화엄경 용수보살약찬게

나무화장세계해
1 南無華藏世界海　화장세계 향수해의 연꽃위에 앉아계신

비로자나진법신
2 毘盧遮那眞法身　한결같은 참된법신 비로자나 부처님과

현재설법노사나
3 現在說法盧舍那　지금법을 설하시는 원만보신 노사나불

석가모니제여래
4 釋迦牟尼諸如來　천백억의 석가모니 화신불께 귀의합니다

과거현재미래세
5 過去現在未來世　지난세상 지금세상 미래세상 어느때나

시방일체제대성
6 十方一切諸大聖　시방세계 계시옵는 거룩하신 성인들이

근본화엄전법륜
7 根本華嚴轉法輪　화엄경을 근본삼아 법륜두루 굴리심은

해인삼매세력고
8 海印三昧勢力故　선정지혜 함께갖춘 화엄삼매 힘입니다

보현보살제대중
9 普賢菩薩諸大衆　보현보살 뒤따르는 여러보살 대중들과

집금강신신중신
10 執金剛神身衆神　금강저를 가진신과 여러몸을 가진신중

43

11	족행신중도량신 足行神衆道場神	걸음빠른 족행신중 절지키는 도량신중
12	주성신중주지신 主城神衆主地神	성지키는 주성신중 땅지키는 주지신중
13	주산신중주림신 主山神衆主林神	산지키는 주산신중 숲지키는 주림신중
14	주약신중주가신 主藥神衆主稼神	약과곡식 주관하는 주약신중 주가신중
15	주하신중주해신 主河神衆主海神	강과바다 주관하는 주하신중 주해신중
16	주수신중주화신 主水神衆主火神	물과불을 주관하는 주수신중 주화신중
17	주풍신중주공신 主風神衆主空神	바람허공 주관하는 주풍신중 주공신중
18	주방신중주야신 主方神衆主夜神	방위와밤 주관하는 주방신중 주야신중
19	주주신중아수라 主晝神衆阿修羅	낮을맡은 주주신중 투쟁의신 아수라왕
20	가루라왕긴나라 迦樓羅王緊那羅	새들의왕 가루라와 가무의신 긴나라왕
21	마후라가야차왕 摩睺羅伽夜叉王	음악의신 마후라가 위세가큰 야차왕과
22	제대용왕구반다 諸大龍王鳩槃茶	법지키는 제대용왕 정기먹는 구반다왕
23	건달바왕월천자 乾闥婆王月天子	향기먹는 건달바왕 달의신인 월천자와
24	일천자중도리천 日天子衆忉利天	태양의신 일천자와 도리천의 제석천왕
25	야마천왕도솔천 夜摩天王兜率天	욕계삼천 야마천왕 욕계사천 도솔천왕
26	화락천왕타화천 化樂天王他化天	욕계오천 화락천왕 제육천의 자재천왕
27	대범천왕광음천 大梵天王光音天	색계초선 대범천왕 이선천의 광음천왕

변정천왕광과천		
28 遍淨天王廣果天	삼선천의 변정천왕	사선천의 광과천왕
대자재왕불가설		
29 大自在王不可說	대자재천 비롯하여	천왕천신 한량없네
보현문수대보살		
30 普賢文殊大菩薩	화엄경의 설주이신	보현문수 대보살님
법혜공덕금강당		
31 法慧功德金剛幢	법혜보살 비롯하여	공덕림과 금강당과
금강장급금강혜		
32 金剛藏及金剛慧	금강장및 금강혜가	오십이위 설했도다

광염당급수미당		
33 光焰幢及須彌幢	광염당과 수미당이	입법계품 문을열자
대덕성문사리자		
34 大德聲聞舍利子	대덕성문 사리자가	문수보살 찾았으니
급여비구해각등		
35 及與比丘海覺等	그를따라 해각등의	육천여명 비구들과
우바새장우바이		
36 優婆塞長優婆夷	복성사는 오백쌍의	우바새와 우바이들
선재동자동남녀		
37 善財童子童男女	선재동자 위시로한	오백동남 오백동녀
기수무량불가설		
38 其數無量不可說	한량없는 무리들이	문수보살 찾아왔네

선재동자선지식		
39 善財童子善知識	선재동자 오십삼인	선지식을 친견하니
문수사리최제일		
40 文殊舍利最第一	문수보살 처음만나	십신법문 배운다음
덕운해운선주승		
41 德雲海雲善住僧	십주법문 배우고자	덕운해운 선주비구
미가해탈여해당		
42 彌伽解脫與海幢	미가장자 해탈장자	해당비구 비롯하여

43 休舍毘目瞿沙仙
휴사비목구사선
재가보살 휴사녀와 비목구사 선인찾고

44 勝熱婆羅慈行女
승열바라자행녀
승열이란 바라문과 자행동녀 친견했네

45 善見自在主童子
선견자재주동자
십행법문 배우고자 선견비구 자재주와

46 具足優婆明智士
구족우바명지사
구족이란 우바이와 복덕장인 명지거사

47 法寶髻長與普眼
법보계장여보안
무량복덕 법보계와 병고치는 보안장자

48 無厭足王大光王
무염족왕대광왕
험상궂은 무염족왕 자애로운 대광왕과

49 不動優婆遍行外
부동우바변행외
재가보살 부동녀와 변행외도 친견했네

50 優婆羅華長者人
우바라화장자인
십회향법 이루고자 우바라화 장자찾고

51 婆施羅船無上勝
바시라선무상승
뱃사공인 바시라와 다름없는 무상승과

52 獅子嚬伸婆須密
사자빈신바수밀
사자빈신 비구니와 바수밀다 여인찾고

53 毘瑟祗羅居士人
비슬지라거사인
비슬지라 거사에게 열반법문 배운다음

54 觀自在尊與正趣
관자재존여정취
대자대비 관자재와 광명자재 정취보살

55 大天安住主地神
대천안주주지신
대천신과 안주라는 땅의신을 친견했네

56 婆珊婆演主夜神
바산바연주야신
십지법문 배우고자 바산바연 주야신과

57	보덕정광주야신 普德淨光主夜神	공덕바다 일러주는 보덕정광 주야신과
58	희목관찰중생신 喜目觀察衆生神	중생들을 희목으로 관찰하는 주야신과
59	보구중생묘덕신 普救衆生妙德神	중생두루 구제하는 보구중생 묘덕신과
60	적정음해주야신 寂靜音海主夜神	적정음해 관장하는 적정음해 주야신과
61	수호일체주야신 守護一切主夜神	모든정법 잘지키는 수호일체 주야신과
62	개부수화주야신 開敷樹華主夜神	나무의꽃 피워내는 개부수화 주야신과
63	대원정진력구호 大願精進力救護	정진력과 대원갖춘 대원정진 주야신과
64	묘덕원만구바녀 妙德圓滿瞿婆女	묘덕원만 주야신과 구바녀를 찾았도다

65	마야부인천주광 摩耶夫人天主光	등각의법 이루고자 마야부인 천주광과
66	변우동자중예각 遍友童子衆藝覺	가비라국 변우동자 예능능한 중예동자
67	현승견고해탈장 賢勝堅固解脫長	지혜밝은 현승녀와 견고해탈 장자찾고
68	묘월장자무승군 妙月長者無勝軍	해탈구족 묘월장자 무애무적 무승군과
69	최적정바라문자 最寂靜婆羅門者	늘진실된 말을하는 바라문인 최적정과
70	덕생동자유덕녀 德生童子有德女	덕생동자 유덕동녀 함께만나 법들었네

71	미륵보살문수등 彌勒菩薩文殊等	미륵보살 친견한뒤 문수보살 다시찾고

72 보현보살미진중
菩賢菩薩微塵衆
보현보살 친견하니 미진수의 대중들이

73 어차법회운집래
於此法會雲集來
이법회에 구름처럼 남김없이 모여들어

74 상수비로자나불
常隨毘盧遮那佛
어느때나 비로자나 부처님을 따르나니

75 어연화장세계해
於蓮華藏世界海
부처님은 저 광대한 연화장의 세계에서

76 조화장엄대법륜
造化莊嚴大法輪
큰법륜을 굴리시어 조화롭게 장엄하며

77 시방허공제세계
十方虛空諸世界
시방허공 속에있는 한량없는 세계에서

78 역부여시상설법
亦復如是常說法
또한다시 이와같이 항상설법 하고있네

[화엄경은 7처 9회 법회에서 39품 설했나니]

79 육육육사급여삼
六六六四及與三
일이삼회 각6품에 사회4품 오회3품

80 일십일일역부일
一十一一亦復一
육회1품 칠회11품 팔구1품 씩이로다

[제1 보리도량 법회에서 6품을 설하시니]

81 세주묘엄여래상
世主妙嚴如來相
제1 세주묘엄품과 제2 여래현상품

82 보현삼매세계성
普賢三昧世界成
제3 보현삼매품과 제4 세계성취품

83 화장세계노사나
華藏世界盧舍那
제5 화장세계품과 제6 비로자나품을

[제2 보광명전 법회에서는 6품을 설하시니]

48

여래명호사성제
84 如來名號四聖諦

제7은 여래명호품 제8은 사성제품

광명각품문명품
85 光明覺品問明品

제9는 광명각품 제10은 보살문명품

정행현수수미정
86 淨行賢首須彌頂

제11 정행품 제12 현수품을 설했으며

[제3 도리천궁 법회에서는] 제13 수미산정품

수미정상게찬품
87 須彌頂上偈讚品

제14 수미정상게찬품을 설한 다음

보살십주범행품
88 菩薩十住梵行品

제15 보살십주품과 제16 범행품

발심공덕명법품
89 發心功德明法品

제17 초발심공덕품과 제18 명법품을

불승야마천궁품
90 佛昇夜摩天宮品

[제4 야마천궁에서는] 제19 승야마천궁품

야마천궁게찬품
91 夜摩天宮偈讚品

제20 야마천궁게찬품을 설한 다음

십행품여무진장
92 十行品與無盡藏

제21 십행품과 제22 십무진장품을

불승도솔천궁품
93 佛昇兜率天宮品

[제5 도솔천궁에서는] 제23 승도솔천궁품

도솔천궁게찬품
94 兜率天宮偈讚品

제24 도솔천궁게찬품을 설한 다음

십회향급십지품
95 十廻向及十地品

제25 십회향품을 설하여 마쳤으며

[제6 타화자재천에서는] 제26 십지품을 설했도다

[제7 보광명전 법회에서는]

십정십통십인품
96 十定十通十忍品

제27 십정품 제28 십통품 제29 십인품

아승지품여수량
97 阿僧祇品與壽量

제30 아승지품과 제31 여래수량품

보살주처불부사
98 菩薩住處佛不思　　제32 보살주처품과 제33 불부사의법품

여래십신상해품
99 如來十身相海品　　제34 여래십신상해품을 설했으며

여래수호공덕품
100 如來隨好功德品　　제35 여래수호광명공덕품에 이어

보현행급여래출
101 普賢行及如來出　　제36 보현행품 제37 여래출현품을

이세간품입법계
102 離世間品入法界　　[제8 보광명전에서는] 제38 이세간품 설하였고

　　　　　　　　　　[제9 서다원림에서는] 제39 입법계품 설했도다

시위십만게송경
103 是爲十萬偈頌經　　이들속에 화엄경의 십만게송 갖췄으니

삼십구품원만교
104 三十九品圓滿敎　　삼십구품 그지없는 일승원만 교설일세

풍송차경신수지
105 諷訟此經信受持　　이경전을 읽고믿고 잘받아서 지닐지면

초발심시변정각
106 初發心時便正覺　　초발심을 발한그때 큰정각을 이루어서

안좌여시국토해
107 安坐如是國土海　　연화장의 불국토에 편안하게 앉게되니

시명비로자나불
108 是名毘盧遮那佛　　이를일러 비로자나 부처라고 이름하네

大方廣佛華嚴經 龍樹菩薩略纂偈
대방광불화엄경 용수보살약찬게

나무화장세계해
1 南無華藏世界海 화장세계 향수해의 연꽃위에 앉아계신

비로자나진법신
2 毘盧遮那眞法身 한결같은 참된법신 비로자나 부처님과

현재설법노사나
3 現在說法盧舍那 지금법을 설하시는 원만보신 노사나불

석가모니제여래
4 釋迦牟尼諸如來 천백억의 석가모니 화신불께귀의합니다

과거현재미래세
5 過去現在未來世 지난세상 지금세상 미래세상 어느때나

시방일체제대성
6 十方一切諸大聖 시방세계 계시옵는 거룩하신 성인들이

근본화엄전법륜
7 根本華嚴轉法輪 화엄경을 근본삼아 법륜두루 굴리심은

해인삼매세력고
8 海印三昧勢力故 선정지혜 함께갖춘 화엄삼매 힘입니다

보현보살제대중
9 普賢菩薩諸大衆 보현보살 뒤따르는 여러보살 대중들과

집금강신신중신
10 執金剛神身衆神 금강저를 가진신과 여러몸을 가진신중

11 足行神衆道場神
걸음빠른 족행신중 절지키는 도량신중

12 主城神衆主地神
성지키는 주성신중 땅지키는 주지신중

13 主山神衆主林神
산지키는 주산신중 숲지키는 주림신중

14 主藥神衆主稼神
약과곡식 주관하는 주약신중 주가신중

15 主河神衆主海神
강과바다 주관하는 주하신중 주해신중

16 主水神衆主火神
물과불을 주관하는 주수신중 주화신중

17 主風神衆主空神
바람허공 주관하는 주풍신중 주공신중

18 主方神衆主夜神
방위와밤 주관하는 주방신중 주야신중

19 主晝神衆阿修羅
낮을맡은 주주신중 투쟁의신 아수라왕

20 迦樓羅王緊那羅
새들의왕 가루라와 가무의신 긴나라왕

21 摩睺羅伽夜叉王
음악의신 마후라가 위세가큰 야차왕과

22 諸大龍王鳩槃茶
법지키는 제대용왕 정기먹는 구반다왕

23 乾闥婆王月天子
향기먹는 건달바왕 달의신인 월천자와

24 日天子衆忉利天
태양의신 일천자와 도리천의 제석천왕

25 夜摩天王兜率天
욕계삼천 야마천왕 욕계사천 도솔천왕

26 化樂天王他化天
욕계오천 화락천왕 제육천의 자재천왕

27 大梵天王光音天
색계초선 대범천왕 이선천의 광음천왕

28	변정천왕광과천 遍淨天王廣果天	삼선천의 변정천왕	사선천의 광과천왕
29	대자재왕불가설 大自在王不可說	대자재천 비롯하여	천왕천신 한량없네
30	보현문수대보살 普賢文殊大菩薩	화엄경의 설주이신	보현문수 대보살님
31	법혜공덕금강당 法慧功德金剛幢	법혜보살 비롯하여	공덕림과 금강당과
32	금강장급금강혜 金剛藏及金剛慧	금강장및 금강혜가	오십이위 설했도다

33	광염당급수미당 光焰幢及須彌幢	광염당과 수미당이	입법계품 문을열자
34	대덕성문사리자 大德聲聞舍利子	대덕성문 사리자가	문수보살 찾았으니
35	급여비구해각등 及與比丘海覺等	그를따라 해각등의	육천여명 비구들과
36	우바새장우바이 優婆塞長優婆夷	복성사는 오백쌍의	우바새와 우바이들
37	선재동자동남녀 善財童子童男女	선재동자 위시로한	오백동남 오백동녀
38	기수무량불가설 其數無量不可說	한량없는 무리들이	문수보살 찾아왔네

39	선재동자선지식 善財童子善知識	선재동자 오십삼인	선지식을 친견하니
40	문수사리최제일 文殊舍利最第一	문수보살 처음만나	십신법문 배운다음
41	덕운해운선주승 德雲海雲善住僧	십주법문 배우고자	덕운해운 선주비구
42	미가해탈여해당 彌伽解脫與海幢	미가장자 해탈장자	해당비구 비롯하여

휴 사 비 목 구 사 선 43 休舍毘目瞿沙仙	재가보살 휴사녀와 비목구사 선인찾고
승 열 바 라 자 행 녀 44 勝熱婆羅慈行女	승열이란 바라문과 자행동녀 친견했네

선 견 자 재 주 동 자 45 善見自在主童子	십행법문 배우고자 선견비구 자재주와
구 족 우 바 명 지 사 46 具足優婆明智士	구족이란 우바이와 복덕장인 명지거사
법 보 계 장 여 보 안 47 法寶髻長與普眼	무량복덕 법보계와 병고치는 보안장자
무 염 족 왕 대 광 왕 48 無厭足王大光王	험상궂은 무염족왕 자애로운 대광왕과
부 동 우 바 변 행 외 49 不動優婆遍行外	재가보살 부동녀와 변행외도 친견했네

우 바 라 화 장 자 인 50 優婆羅華長者人	십회향법 이루고자 우바라화 장자찾고
바 시 라 선 무 상 승 51 婆施羅船無上勝	뱃사공인 바시라와 다툼없는 무상승과
사 자 빈 신 바 수 밀 52 獅子嚬伸婆須密	사자빈신 비구니와 바수밀다 여인찾고
비 슬 지 라 거 사 인 53 毘瑟祇羅居士人	비슬지라 거사에게 열반법문 배운다음
관 자 재 존 여 정 취 54 觀自在尊與正趣	대자대비 관자재와 광명자재 정취보살
대 천 안 주 주 지 신 55 大天安住主地神	대천신과 안주라는 땅의신을 친견했네

바 산 바 연 주 야 신 56 婆珊婆演主夜神	십지법문 배우고자 바산바연 주야신과

54

57	보덕정광주야신 普德淨光主夜神	공덕바다 일러주는 보덕정광 주야신과
58	희목관찰중생신 喜目觀察衆生神	중생들을 희목으로 관찰하는 주야신과
59	보구중생묘덕신 普救衆生妙德神	중생두루 구제하는 보구중생 묘덕신과
60	적정음해주야신 寂靜音海主夜神	적정음해 관장하는 적정음해 주야신과
61	수호일체주야신 守護一切主夜神	모든정법 잘지키는 수호일체 주야신과
62	개부수화주야신 開敷樹華主夜神	나무의꽃 피워내는 개부수화 주야신과
63	대원정진력구호 大願精進力救護	정진력과 대원갖춘 대원정진 주야신과
64	묘덕원만구바녀 妙德圓滿瞿婆女	묘덕원만 주야신과 구바녀를 찾았도다

65	마야부인천주광 摩耶夫人天主光	등각의법 이루고자 마야부인 천주광과
66	변우동자중예각 遍友童子衆藝覺	가비라국 변우동자 예능능한 중예동자
67	현승견고해탈장 賢勝堅固解脫長	지혜밝은 현승녀와 견고해탈 장자찾고
68	묘월장자무승군 妙月長者無勝軍	해탈구족 묘월장자 무애무적 무승군과
69	최적정바라문자 最寂靜婆羅門者	늘진실된 말을하는 바라문인 최적정과
70	덕생동자유덕녀 德生童子有德女	덕생동자 유덕동녀 함께만나 법들었네

71	미륵보살문수등 彌勒菩薩文殊等	미륵보살 친견한뒤 문수보살 다시찾고

보현보살미진중
72 菩賢菩薩微塵衆
보현보살 친견하니 미진수의 대중들이

어차법회운집래
73 於此法會雲集來
이법회에 구름처럼 남김없이 모여들어

상수비로자나불
74 常隨毘盧遮那佛
어느때나 비로자나 부처님을 따르나니

어연화장세계해
75 於蓮華藏世界海
부처님은 저 광대한 연화장의 세계에서

조화장엄대법륜
76 造化莊嚴大法輪
큰법륜을 굴리시어 조화롭게 장엄하며

시방허공제세계
77 十方虛空諸世界
시방허공 속에있는 한량없는 세계에서

역부여시상설법
78 亦復如是常說法
또한다시 이와같이 항상설법 하고있네

[화엄경은 7처 9회 법회에서 39품 설했나니]

육육육사급여삼
79 六六六四及與三
일이삼회 각6품에 사회4품 오회3품

일십일일역부일
80 一十一一亦復一
육회1품 칠회11품 팔구1품 씩이로다

[제1 보리도량 법회에서 6품을 설하시니]

세주묘엄여래상
81 世主妙嚴如來相
제1 세주묘엄품과 제2 여래현상품

보현삼매세계성
82 普賢三昧世界成
제3 보현삼매품과 제4 세계성취품

화장세계노사나
83 華藏世界盧舍那
제5 화장세계품과 제6 비로자나품을

[제2 보광명전 법회에서는 6품을 설하시니]

여래명호사성제 84 如來名號四聖諦	제7은 여래명호품 제8은 사성제품
광명각품문명품 85 光明覺品問明品	제9는 광명각품 제10은 보살문명품
정행현수수미정 86 淨行賢首須彌頂	제11 정행품 제12 현수품을 설했으며

[제3 도리천궁 법회에서는] 제13 수미산정품

수미정상게찬품 87 須彌頂上偈讚品	제14 수미정상게찬품을 설한 다음
보살십주범행품 88 菩薩十住梵行品	제15 보살십주품과 제16 범행품
발심공덕명법품 89 發心功德明法品	제17 초발심공덕품과 제18 명법품을
불승야마천궁품 90 佛昇夜摩天宮品	[제4 야마천궁에서는] 제19 승야마천궁품
야마천궁게찬품 91 夜摩天宮偈讚品	제20 야마천궁게찬품을 설한 다음
십행품여무진장 92 十行品與無盡藏	제21 십행품과 제22 십무진장품을
불승도솔천궁품 93 佛昇兜率天宮品	[제5 도솔천궁에서는] 제23 승도솔천궁품
도솔천궁게찬품 94 兜率天宮偈讚品	제24 도솔천궁게찬품을 설한 다음
십회향급십지품 95 十廻向及十地品	제25 십회향품을 설하여 마쳤으며

[제6 타화자재천에서는] 제26 십지품을 설했도다

[제7 보광명전 법회에서는]

십정십통십인품 96 十定十通十忍品	제27 십정품 제28 십통품 제29 십인품
아승지품여수량 97 阿僧祇品與壽量	제30 아승지품과 제31 여래수량품

보살주처불부사
98 菩薩住處佛不思　　제32 보살주처품과 제33 불부사의법품

여래십신상해품
99 如來十身相海品　　제34 여래십신상해품을 설했으며

여래수호공덕품
100 如來隨好功德品　　제35 여래수호광명공덕품에 이어

보현행급여래출
101 普賢行及如來出　　제36 보현행품 제37 여래출현품을

이세간품입법계
102 離世間品入法界　　[제8 보광명전에서는] 제38 이세간품 설하였고

[제9 서다원림에서는] 제39 입법계품 설했도다

시위십만게송경
103 是爲十萬偈頌經　　이들속에 화엄경의 십만게송 갖췄으니

삼십구품원만교
104 三十九品圓滿敎　　삼십구품 그지없는 일승원만 교설일세

풍송차경신수지
105 諷誦此經信受持　　이경전을 읽고믿고 잘받아서 지닐지면

초발심시변정각
106 初發心時便正覺　　초발심을 발한그때 큰정각을 이루어서

안좌여시국토해
107 安坐如是國土海　　연화장의 불국토에 편안하게 앉게되니

시명비로자나불
108 是名毘盧遮那佛　　이를일러 비로자나 부처라고 이름하네

불기 25　년　월　일 불자　　　제　회 사경

大方廣佛華嚴經　龍樹菩薩略纂偈
대방광불화엄경 용수보살약찬게

나무화장세계해
1 南無華藏世界海　화장세계 향수해의 연꽃위에 앉아계신

비로자나진법신
2 毘盧遮那眞法身　한결같은 참된법신 비로자나 부처님과

현재설법노사나
3 現在說法盧舍那　지금법을 설하시는 원만보신 노사나불

석가모니제여래
4 釋迦牟尼諸如來　천백억의 석가모니 화신불께귀의합니다

과거현재미래세
5 過去現在未來世　지난세상 지금세상 미래세상 어느때나

시방일체제대성
6 十方一切諸大聖　시방세계 계시옵는 거룩하신 성인들이

근본화엄전법륜
7 根本華嚴轉法輪　화엄경을 근본삼아 법륜두루 굴리심은

해인삼매세력고
8 海印三昧勢力故　선정지혜 함께갖춘 화엄삼매 힘입니다

보현보살제대중
9 普賢菩薩諸大衆　보현보살 뒤따르는 여러보살 대중들과

집금강신신중신
10 執金剛神身衆神　금강저를 가진신과 여러몸을 가진신중

족행신중도량신	
11 足行神衆道場神	걸음빠른 족행신중 절지키는 도량신중
주성신중주지신	
12 主城神衆主地神	성지키는 주성신중 땅지키는 주지신중
주산신중주림신	
13 主山神衆主林神	산지키는 주산신중 숲지키는 주림신중
주약신중주가신	
14 主藥神衆主稼神	약과곡식 주관하는 주약신중 주가신중
주하신중주해신	
15 主河神衆主海神	강과바다 주관하는 주하신중 주해신중
주수신중주화신	
16 主水神衆主火神	물과불을 주관하는 주수신중 주화신중
주풍신중주공신	
17 主風神衆主空神	바람허공 주관하는 주풍신중 주공신중
주방신중주야신	
18 主方神衆主夜神	방위와밤 주관하는 주방신중 주야신중
주주신중아수라	
19 主晝神衆阿修羅	낮을맡은 주주신중 투쟁의신 아수라왕
가루라왕긴나라	
20 迦樓羅王緊那羅	새들의왕 가루라와 가무의신 긴나라왕
마후라가야차왕	
21 摩睺羅伽夜叉王	음악의신 마후라가 위세가큰 야차왕과
제대용왕구반다	
22 諸大龍王鳩槃茶	법지키는 제대용왕 정기먹는 구반다왕
건달바왕월천자	
23 乾闥婆王月天子	향기먹는 건달바왕 달의신인 월천자와
일천자중도리천	
24 日天子衆忉利天	태양의신 일천자와 도리천의 제석천왕
야마천왕도솔천	
25 夜摩天王兜率天	욕계삼천 야마천왕 욕계사천 도솔천왕
화락천왕타화천	
26 化樂天王他化天	욕계오천 화락천왕 제육천의 자재천왕
대범천왕광음천	
27 大梵天王光音天	색계초선 대범천왕 이선천의 광음천왕

28	변정천왕광과천 遍淨天王廣果天	삼선천의 변정천왕 사선천의 광과천왕
29	대자재왕불가설 大自在王不可說	대자재천 비롯하여 천왕천신 한량없네
30	보현문수대보살 普賢文殊大菩薩	화엄경의 설주이신 보현문수 대보살님
31	법혜공덕금강당 法慧功德金剛幢	법혜보살 비롯하여 공덕림과 금강당과
32	금강장급금강혜 金剛藏及金剛慧	금강장및 금강혜가 오십이위 설했도다

33	광염당급수미당 光焰幢及須彌幢	광염당과 수미당이 입법계품 문을열자
34	대덕성문사리자 大德聲聞舍利子	대덕성문 사리자가 문수보살 찾았으니
35	급여비구해각등 及與比丘海覺等	그를따라 해각등의 육천여명 비구들과
36	우바새장우바이 優婆塞長優婆夷	복성사는 오백쌍의 우바새와 우바이들
37	선재동자동남녀 善財童子童男女	선재동자 위시로한 오백동남 오백동녀
38	기수무량불가설 其數無量不可說	한량없는 무리들이 문수보살 찾아왔네

39	선재동자선지식 善財童子善知識	선재동자 오십삼인 선지식을 친견하니
40	문수사리최제일 文殊舍利最第一	문수보살 처음만나 십신법문 배운다음
41	덕운해운선주승 德雲海雲善住僧	십주법문 배우고자 덕운해운 선주비구
42	미가해탈여해당 彌伽解脫與海幢	미가장자 해탈장자 해당비구 비롯하여

43	休舍毘目瞿沙仙 휴사비목구사선	재가보살 휴사녀와 비목구사 선인찾고
44	勝熱婆羅慈行女 승열바라자행녀	승열이란 바라문과 자행동녀 친견했네

45	善見自在主童子 선견자재주동자	십행법문 배우고자 선견비구 자재주와
46	具足優婆明智士 구족우바명지사	구족이란 우바이와 복덕장인 명지거사
47	法寶髻長與普眼 법보계장여보안	무량복덕 법보계와 병고치는 보안장자
48	無厭足王大光王 무염족왕대광왕	협상궂은 무염족왕 자애로운 대광왕과
49	不動優婆遍行外 부동우바변행외	재가보살 부동녀와 변행외도 친견했네

50	優婆羅華長者人 우바라화장자인	십회향법 이루고자 우바라화 장자찾고
51	婆施羅船無上勝 바시라선무상승	뱃사공인 바시라와 다름없는 무상승과
52	獅子嚬伸婆須密 사자빈신바수밀	사자빈신 비구니와 바수밀다 여인찾고
53	毘瑟祗羅居士人 비슬지라거사인	비슬지라 거사에게 열반법문 배운다음
54	觀自在尊與正趣 관자재존여정취	대자대비 관자재와 광명자재 정취보살
55	大天安住主地神 대천안주주지신	대천신과 안주라는 땅의신을 친견했네

56	婆珊婆演主夜神 바산바연주야신	십지법문 배우고자 바산바연 주야신과

57	보덕정광주야신 普德淨光主夜神	공덕바다 일러주는 보덕정광 주야신과
58	희목관찰중생신 喜目觀察衆生神	중생들을 희목으로 관찰하는 주야신과
59	보구중생묘덕신 普救衆生妙德神	중생두루 구제하는 보구중생 묘덕신과
60	적정음해주야신 寂靜音海主夜神	적정음해 관장하는 적정음해 주야신과
61	수호일체주야신 守護一切主夜神	모든정법 잘지키는 수호일체 주야신과
62	개부수화주야신 開敷樹華主夜神	나무의꽃 피워내는 개부수화 주야신과
63	대원정진력구호 大願精進力救護	정진력과 대원갖춘 대원정진 주야신과
64	묘덕원만구바녀 妙德圓滿瞿婆女	묘덕원만 주야신과 구바녀를 찾았도다

65	마야부인천주광 摩耶夫人天主光	등각의법 이루고자 마야부인 천주광과
66	변우동자중예각 遍友童子衆藝覺	가비라국 변우동자 예능능한 중예동자
67	현승견고해탈장 賢勝堅固解脫長	지혜밝은 현승녀와 견고해탈 장자찾고
68	묘월장자무승군 妙月長者無勝軍	해탈구족 묘월장자 무애무적 무승군과
69	최적정바라문자 最寂靜婆羅門者	늘진실된 말을하는 바라문인 최적정과
70	덕생동자유덕녀 德生童子有德女	덕생동자 유덕동녀 함께만나 법들었네

71	미륵보살문수등 彌勒菩薩文殊等	미륵보살 친견한뒤 문수보살 다시찾고

72	보현보살미진중 菩賢菩薩微塵衆	보현보살 친견하니 미진수의 대중들이
73	어차법회운집래 於此法會雲集來	이법회에 구름처럼 남김없이 모여들어
74	상수비로자나불 常隨毘盧遮那佛	어느때나 비로자나 부처님을 따르나니
75	어연화장세계해 於蓮華藏世界海	부처님은 저 광대한 연화장의 세계에서
76	조화장엄대법륜 造化莊嚴大法輪	큰법륜을 굴리시어 조화롭게 장엄하며
77	시방허공제세계 十方虛空諸世界	시방허공 속에있는 한량없는 세계에서
78	역부여시상설법 亦復如是常說法	또한다시 이와같이 항상설법 하고있네

[화엄경은 7처 9회 법회에서 39품 설했나니]

79	육육육사급여삼 六六六四及與三	일이삼회 각6품에 사회4품 오회3품
80	일십일일역부일 一十一一亦復一	육회1품 칠회11품 팔구1품 씩이로다

[제1 보리도량 법회에서 6품을 설하시니]

81	세주묘엄여래상 世主妙嚴如來相	제1 세주묘엄품과 제2 여래현상품
82	보현삼매세계성 普賢三昧世界成	제3 보현삼매품과 제4 세계성취품
83	화장세계노사나 華藏世界盧舍那	제5 화장세계품과 제6 비로자나품을

[제2 보광명전 법회에서는 6품을 설하시니]

84	여래명호사성제 如來名號四聖諦	제7은 여래명호품 제8은 사성제품
85	광명각품문명품 光明覺品問明品	제9는 광명각품 제10은 보살문명품
86	정행현수수미정 淨行賢首須彌頂	제11 정행품 제12 현수품을 설했으며
		[제3 도리천궁 법회에서는] 제13 수미산정품
87	수미정상게찬품 須彌頂上偈讚品	제14 수미정상게찬품을 설한 다음
88	보살십주범행품 菩薩十住梵行品	제15 보살십주품과 제16 범행품
89	발심공덕명법품 發心功德明法品	제17 초발심공덕품과 제18 명법품을
90	불승야마천궁품 佛昇夜摩天宮品	[제4 야마천궁에서는] 제19 승야마천궁품
91	야마천궁게찬품 夜摩天宮偈讚品	제20 야마천궁게찬품을 설한 다음
92	십행품여무진장 十行品與無盡藏	제21 십행품과 제22 십무진장품을
93	불승도솔천궁품 佛昇兜率天宮品	[제5 도솔천궁에서는] 제23 승도솔천궁품
94	도솔천궁게찬품 兜率天宮偈讚品	제24 도솔천궁게찬품을 설한 다음
95	십회향급십지품 十廻向及十地品	제25 십회향품을 설하여 마쳤으며
		[제6 타화자재천에서는] 제26 십지품을 설했도다
		[제7 보광명전 법회에서는]
96	십정십통십인품 十定十通十忍品	제27 십정품 제28 십통품 제29 십인품
97	아승지품여수량 阿僧祇品與壽量	제30 아승지품과 제31 여래수량품

보살주처불부사
98 菩薩住處佛不思

여래십신상해품
99 如來十身相海品

여래수호공덕품
100 如來隨好功德品

보현행급여래출
101 普賢行及如來出

이세간품입법계
102 離世間品入法界

제32 보살주처품과 제33 불부사의법품

제34 여래십신상해품을 설했으며

제35 여래수호광명공덕품에 이어

제36 보현행품 제37 여래출현품을

[제8 보광명전에서는] 제38 이세간품 설하였고

[제9 서다원림에서는] 제39 입법계품 설했도다

시위십만게송경
103 是爲十萬偈頌經

삼십구품원만교
104 三十九品圓滿敎

풍송차경신수지
105 諷誦此經信受持

초발심시변정각
106 初發心時便正覺

안좌여시국토해
107 安坐如是國土海

시명비로자나불
108 是名毘盧遮那佛

이들속에 화엄경의 십만게송 갖췄으니

삼십구품 그지없는 일승원만 교설일세

이경전을 읽고믿고 잘받아서 지닐지면

초발심을 발한그때 큰정각을 이루어서

연화장의 불국토에 편안하게 앉게되니

이를일러 비로자나 부처라고 이름하네

불기 25   년   월   일 불자   제   회 사경

大方廣佛華嚴經 龍樹菩薩略纂偈
대방광불화엄경 용수보살약찬게

나무화장세계해
1 南無華藏世界海 화장세계 향수해의 연꽃위에 앉아계신

비로자나진법신
2 毘盧遮那眞法身 한결같은 참된법신 비로자나 부처님과

현재설법노사나
3 現在說法盧舍那 지금법을 설하시는 원만보신 노사나불

석가모니제여래
4 釋迦牟尼諸如來 천백억의 석가모니 화신불께귀의합니다

과거현재미래세
5 過去現在未來世 지난세상 지금세상 미래세상 어느때나

시방일체제대성
6 十方一切諸大聖 시방세계 계시옵는 거룩하신 성인들이

근본화엄전법륜
7 根本華嚴轉法輪 화엄경을 근본삼아 법륜두루 굴리심은

해인삼매세력고
8 海印三昧勢力故 선정지혜 함께갖춘 화엄삼매 힘입니다

보현보살제대중
9 普賢菩薩諸大衆 보현보살 뒤따르는 여러보살 대중들과

집금강신신중신
10 執金剛神身衆神 금강저를 가진신과 여러몸을 가진신중

11 足行神衆道場神
족행신중도량신
걸음빠른 족행신중 절지키는 도량신중

12 主城神衆主地神
주성신중주지신
성지키는 주성신중 땅지키는 주지신중

13 主山神衆主林神
주산신중주림신
산지키는 주산신중 숲지키는 주림신중

14 主藥神衆主稼神
주약신중주가신
약과곡식 주관하는 주약신중 주가신중

15 主河神衆主海神
주하신중주해신
강과바다 주관하는 주하신중 주해신중

16 主水神衆主火神
주수신중주화신
물과불을 주관하는 주수신중 주화신중

17 主風神衆主空神
주풍신중주공신
바람허공 주관하는 주풍신중 주공신중

18 主方神衆主夜神
주방신중주야신
방위와밤 주관하는 주방신중 주야신중

19 主晝神衆阿修羅
주주신중아수라
낮을맡은 주주신중 투쟁의신 아수라왕

20 迦樓羅王緊那羅
가루라왕긴나라
새들의왕 가루라와 가무의신 긴나라왕

21 摩睺羅伽夜叉王
마후라가야차왕
음악의신 마후라가 위세가큰 야차왕과

22 諸大龍王鳩槃茶
제대용왕구반다
법지키는 제대용왕 정기먹는 구반다왕

23 乾闥婆王月天子
건달바왕월천자
향기먹는 건달바왕 달의신인 월천자와

24 日天子衆忉利天
일천자중도리천
태양의신 일천자와 도리천의 제석천왕

25 夜摩天王兜率天
야마천왕도솔천
욕계삼천 야마천왕 욕계사천 도솔천왕

26 化樂天王他化天
화락천왕타화천
욕계오천 화락천왕 제육천의 자재천왕

27 大梵天王光音天
대범천왕광음천
색계초선 대범천왕 이선천의 광음천왕

28	변 정 천 왕 광 과 천 遍淨天王廣果天	삼선천의 변정천왕 사선천의 광과천왕
29	대 자 재 왕 불 가 설 大自在王不可說	대자재천 비롯하여 천왕천신 한량없네
30	보 현 문 수 대 보 살 普賢文殊大菩薩	화엄경의 설주이신 보현문수 대보살님
31	법 혜 공 덕 금 강 당 法慧功德金剛幢	법혜보살 비롯하여 공덕림과 금강당과
32	금 강 장 급 금 강 혜 金剛藏及金剛慧	금강장및 금강혜가 오십이위 설했도다

33	광 염 당 급 수 미 당 光焰幢及須彌幢	광염당과 수미당이 입법계품 문을열자
34	대 덕 성 문 사 리 자 大德聲聞舍利子	대덕성문 사리자가 문수보살 찾았으니
35	급 여 비 구 해 각 등 及與比丘海覺等	그를따라 해각등의 육천여명 비구들과
36	우 바 새 장 우 바 이 優婆塞長優婆夷	복성사는 오백쌍의 우바새와 우바이들
37	선 재 동 자 동 남 녀 善財童子童男女	선재동자 위시로한 오백동남 오백동녀
38	기 수 무 량 불 가 설 其數無量不可說	한량없는 무리들이 문수보살 찾아왔네

39	선 재 동 자 선 지 식 善財童子善知識	선재동자 오십삼인 선지식을 친견하니
40	문 수 사 리 최 제 일 文殊舍利最第一	문수보살 처음만나 십신법문 배운다음
41	덕 운 해 운 선 주 승 德雲海雲善住僧	십주법문 배우고자 덕운해운 선주비구
42	미 가 해 탈 여 해 당 彌伽解脫與海幢	미가장자 해탈장자 해당비구 비롯하여

43 休舍毘目瞿沙仙 (휴사비목구사선) 재가보살 휴사녀와 비목구사 선인찾고

44 勝熱婆羅慈行女 (승열바라자행녀) 승열이란 바라문과 자행동녀 친견했네

45 善見自在主童子 (선견자재주동자) 십행법문 배우고자 선견비구 자재주와

46 具足優婆明智士 (구족우바명지사) 구족이란 우바이와 복덕장인 명지거사

47 法寶髻長與普眼 (법보계장여보안) 무량복덕 법보계와 병고치는 보안장자

48 無厭足王大光王 (무염족왕대광왕) 험상궂은 무염족왕 자애로운 대광왕과

49 不動優婆遍行外 (부동우바변행외) 재가보살 부동녀와 변행외도 친견했네

50 優婆羅華長者人 (우바라화장자인) 십회향법 이루고자 우바라화 장자찾고

51 婆施羅船無上勝 (바시라선무상승) 뱃사공인 바시라와 다툼없는 무상승과

52 獅子嚬伸婆須密 (사자빈신바수밀) 사자빈신 비구니와 바수밀다 여인찾고

53 毘瑟祇羅居士人 (비슬지라거사인) 비슬지라 거사에게 열반법문 배운다음

54 觀自在尊與正趣 (관자재존여정취) 대자대비 관자재와 광명자재 정취보살

55 大天安住主地神 (대천안주주지신) 대천신과 안주라는 땅의신을 친견했네

56 婆珊婆演主夜神 (바산바연주야신) 십지법문 배우고자 바산바연 주야신과

57	보덕정광주야신 普德淨光主夜神	공덕바다 일러주는 보덕정광 주야신과
58	희목관찰중생신 喜目觀察衆生神	중생들을 희목으로 관찰하는 주야신과
59	보구중생묘덕신 普救衆生妙德神	중생두루 구제하는 보구중생 묘덕신과
60	적정음해주야신 寂靜音海主夜神	적정음해 관장하는 적정음해 주야신과
61	수호일체주야신 守護一切主夜神	모든정법 잘지키는 수호일체 주야신과
62	개부수화주야신 開敷樹華主夜神	나무의꽃 피워내는 개부수화 주야신과
63	대원정진력구호 大願精進力救護	정진력과 대원갖춘 대원정진 주야신과
64	묘덕원만구바녀 妙德圓滿瞿婆女	묘덕원만 주야신과 구바녀를 찾았도다

65	마야부인천주광 摩耶夫人天主光	등각의법 이루고자 마야부인 천주광과
66	변우동자중예각 遍友童子衆藝覺	가비라국 변우동자 예능능한 중예동자
67	현승견고해탈장 賢勝堅固解脫長	지혜밝은 현승녀와 견고해탈 장자찾고
68	묘월장자무승군 妙月長者無勝軍	해탈구족 묘월장자 무애무적 무승군과
69	최적정바라문자 最寂靜婆羅門者	늘진실된 말을하는 바라문인 최적정과
70	덕생동자유덕녀 德生童子有德女	덕생동자 유덕동녀 함께만나 법들었네

71	미륵보살문수등 彌勒菩薩文殊等	미륵보살 친견한뒤 문수보살 다시찾고

보현보살미진중
72 菩賢菩薩微塵衆
보현보살 친견하니 미진수의 대중들이

어차법회운집래
73 於此法會雲集來
이법회에 구름처럼 남김없이 모여들어

상수비로자나불
74 常隨毗盧遮那佛
어느때나 비로자나 부처님을 따르나니

어연화장세계해
75 於蓮華藏世界海
부처님은 저 광대한 연화장의 세계에서

조화장엄대법륜
76 造化莊嚴大法輪
큰법륜을 굴리시어 조화롭게 장엄하며

시방허공제세계
77 十方虛空諸世界
시방허공 속에있는 한량없는 세계에서

역부여시상설법
78 亦復如是常說法
또한다시 이와같이 항상설법 하고있네

[화엄경은 7처 9회 법회에서 39품 설했나니]

육육육사급여삼
79 六六六四及與三
일이삼회 각6품에   사회4품   오회3품

일십일일역부일
80 一十一一亦復一
육회1품   칠회11품   팔구1품   씩이로다

[제1 보리도량 법회에서 6품을 설하시니]

세주묘엄여래상
81 世主妙嚴如來相
제1세주묘엄품과 제2여래현상품

보현삼매세계성
82 普賢三昧世界成
제3보현삼매품과 제4세계성취품

화장세계노사나
83 華藏世界盧舍那
제5화장세계품과 제6비로자나품을

[제2 보광명전 법회에서는 6품을 설하시니]

84 如來名號四聖諦 여래명호사성제	제7은 여래명호품 제8은 사성제품
85 光明覺品問明品 광명각품문명품	제9는 광명각품 제10은 보살문명품
86 淨行賢首須彌頂 정행현수수미정	제11 정행품 제12 현수품을 설했으며
	[제3 도리천궁 법회에서는] 제13 수미산정품
87 須彌頂上偈讚品 수미정상게찬품	제14 수미정상게찬품을 설한 다음
88 菩薩十住梵行品 보살십주범행품	제15 보살십주품과 제16 범행품
89 發心功德明法品 발심공덕명법품	제17 초발심공덕품과 제18 명법품을
90 佛昇夜摩天宮品 불승야마천궁품	[제4 야마천궁에서는] 제19 승야마천궁품
91 夜摩天宮偈讚品 야마천궁게찬품	제20 야마천궁게찬품을 설한 다음
92 十行品與無盡藏 십행품여무진장	제21 십행품과 제22 십무진장품을
93 佛昇兜率天宮品 불승도솔천궁품	[제5 도솔천궁에서는] 제23 승도솔천궁품
94 兜率天宮偈讚品 도솔천궁게찬품	제24 도솔천궁게찬품을 설한 다음
95 十廻向及十地品 십회향급십지품	제25 십회향품을 설하여 마쳤으며
	[제6 타화자재천에서는] 제26 십지품을 설했도다
	[제7 보광명전 법회에서는]
96 十定十通十忍品 십정십통십인품	제27 십정품 제28 십통품 제29 십인품
97 阿僧祇品與壽量 아승지품여수량	제30 아승지품과 제31 여래수량품

73

보살주처불부사
98 菩薩住處佛不思
제32 보살주처품과 제33 불부사의법품

여래십신상해품
99 如來十身相海品
제34 여래십신상해품을 설했으며

여래수호공덕품
100 如來隨好功德品
제35 여래수호광명공덕품에 이어

보현행급여래출
101 普賢行及如來出
제36 보현행품 제37 여래출현품을

이세간품입법계
102 離世間品入法界
[제8 보광명전에서는] 제38 이세간품 설하였고

[제9 서다원림에서는] 제39 입법계품 설했도다

시위십만게송경
103 是爲十萬偈頌經
이들속에 화엄경의 십만게송 갖췄으니

삼십구품원만교
104 三十九品圓滿敎
삼십구품 그지없는 일승원만 교설일세

풍송차경신수지
105 諷誦此經信受持
이경전을 읽고믿고 잘받아서 지닐지면

초발심시변정각
106 初發心時便正覺
초발심을 발한그때 큰정각을 이루어서

안좌여시국토해
107 安坐如是國土海
연화장의 불국토에 편안하게 앉게되니

시명비로자나불
108 是名毘盧遮那佛
이를일러 비로자나 부처라고 이름하네

불기 25   년   월   일 불자   제   회 사경

74

大方廣佛華嚴經　龍樹菩薩略纂偈

대방광불화엄경 용수보살약찬게

나무화장세계해
1 南無華藏世界海　화장세계 향수해의 연꽃위에 앉아계신

비로자나진법신
2 毘盧遮那眞法身　한결같은 참된법신 비로자나 부처님과

현재설법노사나
3 現在說法盧舍那　지금법을 설하시는 원만보신 노사나불

석가모니제여래
4 釋迦牟尼諸如來　천백억의 석가모니 화신불께귀의합니다

과거현재미래세
5 過去現在未來世　지난세상 지금세상 미래세상 어느때나

시방일체제대성
6 十方一切諸大聖　시방세계 계시옵는 거룩하신 성인들이

근본화엄전법륜
7 根本華嚴轉法輪　화엄경을 근본삼아 법륜두루 굴리심은

해인삼매세력고
8 海印三昧勢力故　선정지혜 함께갖춘 화엄삼매 힘입니다

보현보살제대중
9 普賢菩薩諸大衆　보현보살 뒤따르는 여러보살 대중들과

집금강신신중신
10 執金剛神身衆神　금강저를 가진신과 여러몸을 가진신중

족행신중도량신 11 足行神衆道場神	걸음빠른 족행신중 절지키는 도량신중
주성신중주지신 12 主城神衆主地神	성지키는 주성신중 땅지키는 주지신중
주산신중주림신 13 主山神衆主林神	산지키는 주산신중 숲지키는 주림신중
주약신중주가신 14 主藥神衆主稼神	약과곡식 주관하는 주약신중 주가신중
주하신중주해신 15 主河神衆主海神	강과바다 주관하는 주하신중 주해신중
주수신중주화신 16 主水神衆主火神	물과불을 주관하는 주수신중 주화신중
주풍신중주공신 17 主風神衆主空神	바람허공 주관하는 주풍신중 주공신중
주방신중주야신 18 主方神衆主夜神	방위와밤 주관하는 주방신중 주야신중
주주신중아수라 19 主晝神衆阿修羅	낮을맡은 주주신중 투쟁의신 아수라왕
가루라왕긴나라 20 迦樓羅王緊那羅	새들의왕 가루라와 가무의신 긴나라왕
마후라가야차왕 21 摩睺羅伽夜叉王	음악의신 마후라가 위세가큰 야차왕과
제대용왕구반다 22 諸大龍王鳩槃茶	법지키는 제대용왕 정기먹는 구반다왕
건달바왕월천자 23 乾闥婆王月天子	향기먹는 건달바왕 달의신인 월천자와
일천자중도리천 24 日天子衆忉利天	태양의신 일천자와 도리천의 제석천왕
야마천왕도솔천 25 夜摩天王兜率天	욕계삼천 야마천왕 욕계사천 도솔천왕
화락천왕타화천 26 化樂天王他化天	욕계오천 화락천왕 제육천의 자재천왕
대범천왕광음천 27 大梵天王光音天	색계초선 대범천왕 이선천의 광음천왕

변정천왕광과천
28 遍淨天王廣果天　삼선천의 변정천왕 사선천의 광과천왕

대자재왕불가설
29 大自在王不可說　대자재천 비롯하여 천왕천신 한량없네

보현문수대보살
30 普賢文殊大菩薩　화엄경의 설주이신 보현문수 대보살님

법혜공덕금강당
31 法慧功德金剛幢　법혜보살 비롯하여 공덕림과 금강당과

금강장급금강혜
32 金剛藏及金剛慧　금강장및 금강혜가 오십이위 설했도다

광염당급수미당
33 光焰幢及須彌幢　광염당과 수미당이 입법계품 문을열자

대덕성문사리자
34 大德聲聞舍利子　대덕성문 사리자가 문수보살 찾았으니

급여비구해각등
35 及與比丘海覺等　그를따라 해각등의 육천여명 비구들과

우바새장우바이
36 優婆塞長優婆夷　복성사는 오백쌍의 우바새와 우바이들

선재동자동남녀
37 善財童子童男女　선재동자 위시로한 오백동남 오백동녀

기수무량불가설
38 其數無量不可說　한량없는 무리들이 문수보살 찾아왔네

선재동자선지식
39 善財童子善知識　선재동자 오십삼인 선지식을 친견하니

문수사리최제일
40 文殊舍利最第一　문수보살 처음만나 십신법문 배운다음

덕운해운선주승
41 德雲海雲善住僧　십주법문 배우고자 덕운해운 선주비구

미가해탈여해당
42 彌伽解脫與海幢　미가장자 해탈장자 해당비구 비롯하여

휴사비목구사선
43 休舍毘目瞿沙仙
재가보살 휴사녀와 비목구사 선인찾고

승열바라자행녀
44 勝熱婆羅慈行女
승열이란 바라문과 자행동녀 친견했네

선견자재주동자
45 善見自在主童子
십행법문 배우고자 선견비구 자재주와

구족우바명지사
46 具足優婆明智士
구족이란 우바이와 복덕장인 명지거사

법보계장여보안
47 法寶髻長與普眼
무량복덕 법보계와 병고치는 보안장자

무염족왕대광왕
48 無厭足王大光王
험상궂은 무염족왕 자애로운 대광왕과

부동우바변행외
49 不動優婆遍行外
재가보살 부동녀와 변행외도 친견했네

우바라화장자인
50 優婆羅華長者人
십회향법 이루고자 우바라화 장자찾고

바시라선무상승
51 婆施羅船無上勝
뱃사공인 바시라와 다름없는 무상승과

사자빈신바수밀
52 獅子嚬伸婆須密
사자빈신 비구니와 바수밀다 여인찾고

비슬지라거사인
53 毘瑟祇羅居士人
비슬지라 거사에게 열반법문 배운다음

관자재존여정취
54 觀自在尊與正趣
대자대비 관자재와 광명자재 정취보살

대천안주주지신
55 大天安住主地神
대천신과 안주라는 땅의신을 친견했네

바산바연주야신
56 婆珊婆演主夜神
십지법문 배우고자 바산바연 주야신과

보덕정광주야신	
57 普德淨光主夜神	공덕바다 일러주는 보덕정광 주야신과
희목관찰중생신	
58 喜目觀察衆生神	중생들을 희목으로 관찰하는 주야신과
보구중생묘덕신	
59 普救衆生妙德神	중생두루 구제하는 보구중생 묘덕신과
적정음해주야신	
60 寂靜音海主夜神	적정음해 관장하는 적정음해 주야신과
수호일체주야신	
61 守護一切主夜神	모든정법 잘지키는 수호일체 주야신과
개부수화주야신	
62 開敷樹華主夜神	나무의꽃 피워내는 개부수화 주야신과
대원정진력구호	
63 大願精進力救護	정진력과 대원갖춘 대원정진 주야신과
묘덕원만구바녀	
64 妙德圓滿瞿婆女	묘덕원만 주야신과 구바녀를 찾았도다

마야부인천주광	
65 摩耶夫人天主光	등각의법 이루고자 마야부인 천주광과
변우동자중예각	
66 遍友童子衆藝覺	가비라국 변우동자 예능능한 중예동자
현승견고해탈장	
67 賢勝堅固解脫長	지혜밝은 현승녀와 견고해탈 장자찾고
묘월장자무승군	
68 妙月長者無勝軍	해탈구족 묘월장자 무애무적 무승군과
최적정바라문자	
69 最寂靜婆羅門者	늘진실된 말을하는 바라문인 최적정과
덕생동자유덕녀	
70 德生童子有德女	덕생동자 유덕동녀 함께만나 법들었네

미륵보살문수등	
71 彌勒菩薩文殊等	미륵보살 친견한뒤 문수보살 다시찾고

보현보살미진중
72 菩賢菩薩微塵衆
보현보살 친견하니 미진수의 대중들이

어차법회운집래
73 於此法會雲集來
이법회에 구름처럼 남김없이 모여들어

상수비로자나불
74 常隨毘盧遮那佛
어느때나 비로자나 부처님을 따르나니

어연화장세계해
75 於蓮華藏世界海
부처님은 저 광대한 연화장의 세계에서

조화장엄대법륜
76 造化莊嚴大法輪
큰법륜을 굴리시어 조화롭게 장엄하며

시방허공제세계
77 十方虛空諸世界
시방허공 속에있는 한량없는 세계에서

역부여시상설법
78 亦復如是常說法
또한다시 이와같이 항상설법 하고있네

[화엄경은 7처 9회 법회에서 39품 설했나니]

육육육사급여삼
79 六六六四及與三
일이삼회 각6품에 사회4품 오회3품

일십일일역부일
80 一十一一亦復一
육회1품 칠회11품 팔구1품 씩이로다

[제1 보리도량 법회에서 6품을 설하시니]

세주묘엄여래상
81 世主妙嚴如來相
제1세주묘엄품과 제2여래현상품

보현삼매세계성
82 普賢三昧世界成
제3보현삼매품과 제4세계성취품

화장세계노사나
83 華藏世界盧舍那
제5화장세계품과 제6비로자나품을

[제2 보광명전 법회에서는 6품을 설하시니]

여래명호사성제
84 如來名號四聖諦
제7은 여래명호품 제8은 사성제품

광명각품문명품
85 光明覺品問明品
제9는 광명각품 제10은 보살문명품

정행현수수미정
86 淨行賢首須彌頂
제11 정행품 제12 현수품을 설했으며

[제3 도리천궁 법회에서는] 제13 수미산정품

수미정상게찬품
87 須彌頂上偈讚品
제14 수미정상게찬품을 설한 다음

보살십주범행품
88 菩薩十住梵行品
제15 보살십주품과 제16 범행품

발심공덕명법품
89 發心功德明法品
제17 초발심공덕품과 제18 명법품을

불승야마천궁품
90 佛昇夜摩天宮品
[제4 야마천궁에서는] 제19 승야마천궁품

야마천궁게찬품
91 夜摩天宮偈讚品
제20 야마천궁게찬품을 설한 다음

십행품여무진장
92 十行品與無盡藏
제21 십행품과 제22 십무진장품을

불승도솔천궁품
93 佛昇兜率天宮品
[제5 도솔천궁에서는] 제23 승도솔천궁품

도솔천궁게찬품
94 兜率天宮偈讚品
제24 도솔천궁게찬품을 설한 다음

십회향급십지품
95 十廻向及十地品
제25 십회향품을 설하여 마쳤으며

[제6 타화자재천에서는] 제26 십지품을 설했도다

[제7 보광명전 법회에서는]

십정십통십인품
96 十定十通十忍品
제27 십정품 제28 십통품 제29 십인품

아승지품여수량
97 阿僧祇品與壽量
제30 아승지품과 제31 여래수량품

81

보살주처불부사
98 菩薩住處佛不思　　제32 보살주처품과 제33 불부사의법품

여래십신상해품
99 如來十身相海品　　제34 여래십신상해품을 설했으며

여래수호공덕품
100 如來隨好功德品　　제35 여래수호광명공덕품에 이어

보현행급여래출
101 普賢行及如來出　　제36 보현행품 제37 여래출현품을

이세간품입법계
102 離世間品入法界　　[제8 보광명전에서는] 제38 이세간품 설하였고

　　　　　　　　　　[제9 서다원림에서는] 제39 입법계품 설했도다

시위십만게송경
103 是爲十萬偈頌經　　이들속에 화엄경의 십만게송 갖췄으니

삼십구품원만교
104 三十九品圓滿敎　　삼십구품 그지없는 일승원만 교설일세

풍송차경신수지
105 諷誦此經信受持　　이경전을 읽고믿고 잘받아서 지닐지면

초발심시변정각
106 初發心時便正覺　　초발심을 발한그때 큰정각을 이루어서

안좌여시국토해
107 安坐如是國土海　　연화장의 불국토에 편안하게 앉게되니

시명비로자나불
108 是名毘盧遮那佛　　이를일러 비로자나 부처라고 이름하네

불기 25　　년　월　일 불자　　　　제　　회 사경

82

大方廣佛華嚴經　龍樹菩薩略纂偈
대방광불화엄경 용수보살약찬게

나무화장세계해
1 南無華藏世界海　화장세계 향수해의 연꽃위에 앉아계신

비로자나진법신
2 毘盧遮那眞法身　한결같은 참된법신 비로자나 부처님과

현재설법노사나
3 現在說法盧舍那　지금법을 설하시는 원만보신 노사나불

석가모니제여래
4 釋迦牟尼諸如來　천백억의 석가모니 화신불께귀의합니다

과거현재미래세
5 過去現在未來世　지난세상 지금세상 미래세상 어느때나

시방일체제대성
6 十方一切諸大聖　시방세계 계시옵는 거룩하신 성인들이

근본화엄전법륜
7 根本華嚴轉法輪　화엄경을 근본삼아 법륜두루 굴리심은

해인삼매세력고
8 海印三昧勢力故　선정지혜 함께갖춘 화엄삼매 힘입니다

보현보살제대중
9 普賢菩薩諸大衆　보현보살 뒤따르는 여러보살 대중들과

집금강신신중신
10 執金剛神身衆神　금강저를 가진신과 여러몸을 가진신중

83

11	족행신중도량신 足行神衆道場神	걸음빠른 족행신중 절지키는 도량신중
12	주성신중주지신 主城神衆主地神	성지키는 주성신중 땅지키는 주지신중
13	주산신중주림신 主山神衆主林神	산지키는 주산신중 숲지키는 주림신중
14	주약신중주가신 主藥神衆主稼神	약과곡식 주관하는 주약신중 주가신중
15	주하신중주해신 主河神衆主海神	강과바다 주관하는 주하신중 주해신중
16	주수신중주화신 主水神衆主火神	물과불을 주관하는 주수신중 주화신중
17	주풍신중주공신 主風神衆主空神	바람허공 주관하는 주풍신중 주공신중
18	주방신중주야신 主方神衆主夜神	방위와밤 주관하는 주방신중 주야신중
19	주주신중아수라 主晝神衆阿修羅	낮을맡은 주주신중 투쟁의신 아수라왕
20	가루라왕긴나라 迦樓羅王緊那羅	새들의왕 가루라와 가무의신 긴나라왕
21	마후라가야차왕 摩睺羅伽夜叉王	음악의신 마후라가 위세가큰 야차왕과
22	제대용왕구반다 諸大龍王鳩槃茶	법지키는 제대용왕 정기먹는 구반다왕
23	건달바왕월천자 乾闥婆王月天子	향기먹는 건달바왕 달의신인 월천자와
24	일천자중도리천 日天子衆忉利天	태양의신 일천자와 도리천의 제석천왕
25	야마천왕도솔천 夜摩天王兜率天	욕계삼천 야마천왕 욕계사천 도솔천왕
26	화락천왕타화천 化樂天王他化天	욕계오천 화락천왕 제육천의 자재천왕
27	대범천왕광음천 大梵天王光音天	색계초선 대범천왕 이선천의 광음천왕

	한자	한글 풀이
28	변정천왕광과천 遍淨天王廣果天	삼선천의 변정천왕 사선천의 광과천왕
29	대자재왕불가설 大自在王不可說	대자재천 비롯하여 천왕천신 한량없네
30	보현문수대보살 普賢文殊大菩薩	화엄경의 설주이신 보현문수 대보살님
31	법혜공덕금강당 法慧功德金剛幢	법혜보살 비롯하여 공덕림과 금강당과
32	금강장급금강혜 金剛藏及金剛慧	금강장및 금강혜가 오십이위 설했도다

33	광염당급수미당 光焰幢及須彌幢	광염당과 수미당이 입법계품 문을열자
34	대덕성문사리자 大德聲聞舍利子	대덕성문 사리자가 문수보살 찾았으니
35	급여비구해각등 及與比丘海覺等	그를따라 해각등의 육천여명 비구들과
36	우바새장우바이 優婆塞長優婆夷	복성사는 오백쌍의 우바새와 우바이들
37	선재동자동남녀 善財童子童男女	선재동자 위시로한 오백동남 오백동녀
38	기수무량불가설 其數無量不可說	한량없는 무리들이 문수보살 찾아왔네

39	선재동자선지식 善財童子善知識	선재동자 오십삼인 선지식을 친견하니
40	문수사리최제일 文殊舍利最第一	문수보살 처음만나 십신법문 배운다음
41	덕운해운선주승 德雲海雲善住僧	십주법문 배우고자 덕운해운 선주비구
42	미가해탈여해당 彌伽解脫與海幢	미가장자 해탈장자 해당비구 비롯하여

휴사비목구사선 43 休舍毘目瞿沙仙	재가보살 휴사녀와 비목구사 선인찾고
승열바라자행녀 44 勝熱婆羅慈行女	승열이란 바라문과 자행동녀 친견했네

선견자재주동자 45 善見自在主童子	십행법문 배우고자 선견비구 자재주와
구족우바명지사 46 具足優婆明智士	구족이란 우바이와 복덕장인 명지거사
법보계장여보안 47 法寶髻長與普眼	무량복덕 법보계와 병고치는 보안장자
무염족왕대광왕 48 無厭足王大光王	험상궂은 무염족왕 자애로운 대광왕과
부동우바변행외 49 不動優婆遍行外	재가보살 부동녀와 변행외도 친견했네

우바라화장자인 50 優婆羅華長者人	십회향법 이루고자 우바라화 장자찾고
바시라선무상승 51 婆施羅船無上勝	뱃사공인 바시라와 다름없는 무상승과
사자빈신바수밀 52 獅子嚬伸婆須密	사자빈신 비구니와 바수밀다 여인찾고
비슬지라거사인 53 毘瑟祇羅居士人	비슬지라 거사에게 열반법문 배운다음
관자재존여정취 54 觀自在尊與正趣	대자대비 관자재와 광명자재 정취보살
대천안주주지신 55 大天安住主地神	대천신과 안주라는 땅의신을 친견했네

바산바연주야신 56 婆珊婆演主夜神	십지법문 배우고자 바산바연 주야신과

57	보덕정광주야신 普德淨光主夜神	공덕바다 일러주는 보덕정광 주야신과
58	희목관찰중생신 喜目觀察衆生神	중생들을 희목으로 관찰하는 주야신과
59	보구중생묘덕신 普救衆生妙德神	중생두루 구제하는 보구중생 묘덕신과
60	적정음해주야신 寂靜音海主夜神	적정음해 관장하는 적정음해 주야신과
61	수호일체주야신 守護一切主夜神	모든정법 잘지키는 수호일체 주야신과
62	개부수화주야신 開敷樹華主夜神	나무의꽃 피워내는 개부수화 주야신과
63	대원정진력구호 大願精進力救護	정진력과 대원갖춘 대원정진 주야신과
64	묘덕원만구바녀 妙德圓滿瞿婆女	묘덕원만 주야신과 구바녀를 찾았도다

65	마야부인천주광 摩耶夫人天主光	등각의법 이루고자 마야부인 천주광과
66	변우동자중예각 遍友童子衆藝覺	가비라국 변우동자 예능능한 중예동자
67	현승견고해탈장 賢勝堅固解脫長	지혜밝은 현승녀와 견고해탈 장자찾고
68	묘월장자무승군 妙月長者無勝軍	해탈구족 묘월장자 무애무적 무승군과
69	최적정바라문자 最寂靜婆羅門者	늘진실된 말을하는 바라문인 최적정과
70	덕생동자유덕녀 德生童子有德女	덕생동자 유덕동녀 함께만나 법들었네

71	미륵보살문수등 彌勒菩薩文殊等	미륵보살 친견한뒤 문수보살 다시찾고

72 보현보살미진중 菩賢菩薩微塵衆 보현보살 친견하니 미진수의 대중들이

73 어차법회운집래 於此法會雲集來 이법회에 구름처럼 남김없이 모여들어

74 상수비로자나불 常隨毘盧遮那佛 어느때나 비로자나 부처님을 따르나니

75 어연화장세계해 於蓮華藏世界海 부처님은 저 광대한 연화장의 세계에서

76 조화장엄대법륜 造化莊嚴大法輪 큰법륜을 굴리시어 조화롭게 장엄하며

77 시방허공제세계 十方虛空諸世界 시방허공 속에있는 한량없는 세계에서

78 역부여시상설법 亦復如是常說法 또한다시 이와같이 항상설법 하고있네

[화엄경은 7처9회 법회에서 39품 설했나니]

79 육육육사급여삼 六六六四及與三 일이삼회 각6품에 사회4품 오회3품

80 일십일일역부일 一十一一亦復一 육회1품 칠회11품 팔구1품 씩이로다

[제1 보리도량 법회에서 6품을 설하시니]

81 세주묘엄여래상 世主妙嚴如來相 제1 세주묘엄품과 제2 여래현상품

82 보현삼매세계성 普賢三昧世界成 제3 보현삼매품과 제4 세계성취품

83 화장세계노사나 華藏世界盧舍那 제5 화장세계품과 제6 비로자나품을

[제2 보광명전 법회에서는 6품을 설하시니]

여래명호사성제
84 如來名號四聖諦   제7은 여래명호품 제8은 사성제품

광명각품문명품
85 光明覺品問明品   제9는 광명각품 제10은 보살문명품

정행현수수미정
86 淨行賢首須彌頂   제11 정행품 제12 현수품을 설했으며

[제3 도리천궁 법회에서는] 제13 수미산정품

수미정상게찬품
87 須彌頂上偈讚品   제14 수미정상게찬품을 설한 다음

보살십주범행품
88 菩薩十住梵行品   제15 보살십주품과 제16 범행품

발심공덕명법품
89 發心功德明法品   제17 초발심공덕품과 제18 명법품을

불승야마천궁품
90 佛昇夜摩天宮品   [제4 야마천궁에서는] 제19 승야마천궁품

야마천궁게찬품
91 夜摩天宮偈讚品   제20 야마천궁게찬품을 설한 다음

십행품여무진장
92 十行品與無盡藏   제21 십행품과 제22 십무진장품을

불승도솔천궁품
93 佛昇兜率天宮品   [제5 도솔천궁에서는] 제23 승도솔천궁품

도솔천궁게찬품
94 兜率天宮偈讚品   제24 도솔천궁게찬품을 설한 다음

십회향급십지품
95 十廻向及十地品   제25 십회향품을 설하여 마쳤으며

[제6 타화자재천에서는] 제26 십지품을 설했도다

[제7 보광명전 법회에서는]

십정십통십인품
96 十定十通十忍品   제27 십정품 제28 십통품 제29 십인품

아승지품여수량
97 阿僧祇品與壽量   제30 아승지품과 제31 여래수량품

보살주처불부사
98 菩薩住處佛不思

제32 보살주처품과 제33 불부사의법품

여래십신상해품
99 如來十身相海品

제34 여래십신상해품을 설했으며

여래수호공덕품
100 如來隨好功德品

제35 여래수호광명공덕품에 이어

보현행급여래출
101 普賢行及如來出

제36 보현행품 제37 여래출현품을

이세간품입법계
102 離世間品入法界

[제8 보광명전에서는] 제38 이세간품 설하였고

[제9 서다원림에서는] 제39 입법계품 설했도다

시위십만게송경
103 是爲十萬偈頌經

이들속에 화엄경의 십만게송 갖췄으니

삼십구품원만교
104 三十九品圓滿敎

삼십구품 그지없는 일승원만 교설일세

풍송차경신수지
105 諷訟此經信受持

이경전을 읽고믿고 잘받아서 지닐지면

초발심시변정각
106 初發心時便正覺

초발심을 발한그때 큰정각을 이루어서

안좌여시국토해
107 安坐如是國土海

연화장의 불국토에 편안하게 앉게되니

시명비로자나불
108 是名毘盧遮那佛

이를일러 비로자나 부처라고 이름하네

불기 25   년   월   일 불자   제   회 사경

大方廣佛華嚴經　龍樹菩薩略纂偈
대방광불화엄경 용수보살약찬게

나무화장세계해
1 南無華藏世界海
화장세계 향수해의 연꽃위에 앉아계신

비로자나진법신
2 毘盧遮那眞法身
한결같은 참된법신 비로자나 부처님과

현재설법노사나
3 現在說法盧舍那
지금법을 설하시는 원만보신 노사나불

석가모니제여래
4 釋迦牟尼諸如來
천백억의 석가모니 화신불께귀의합니다

과거현재미래세
5 過去現在未來世
지난세상 지금세상 미래세상 어느때나

시방일체제대성
6 十方一切諸大聖
시방세계 계시옵는 거룩하신 성인들이

근본화엄전법륜
7 根本華嚴轉法輪
화엄경을 근본삼아 법륜두루 굴리심은

해인삼매세력고
8 海印三昧勢力故
선정지혜 함께갖춘 화엄삼매 힘입니다

보현보살제대중
9 普賢菩薩諸大衆
보현보살 뒤따르는 여러보살 대중들과

집금강신신중신
10 執金剛神身衆神
금강저를 가진신과 여러몸을 가진신중

11	족행신중도량신 足行神衆道場神	걸음빠른 족행신중 절지키는 도량신중
12	주성신중주지신 主城神衆主地神	성지키는 주성신중 땅지키는 주지신중
13	주산신중주림신 主山神衆主林神	산지키는 주산신중 숲지키는 주림신중
14	주약신중주가신 主藥神衆主稼神	약과곡식 주관하는 주약신중 주가신중
15	주하신중주해신 主河神衆主海神	강과바다 주관하는 주하신중 주해신중
16	주수신중주화신 主水神衆主火神	물과불을 주관하는 주수신중 주화신중
17	주풍신중주공신 主風神衆主空神	바람허공 주관하는 주풍신중 주공신중
18	주방신중주야신 主方神衆主夜神	방위와밤 주관하는 주방신중 주야신중
19	주주신중아수라 主晝神衆阿修羅	낮을맡은 주주신중 투쟁의신 아수라왕
20	가루라왕긴나라 迦樓羅王緊那羅	새들의왕 가루라와 가무의신 긴나라왕
21	마후라가야차왕 摩睺羅伽夜叉王	음악의신 마후라가 위세가큰 야차왕과
22	제대용왕구반다 諸大龍王鳩槃茶	법지키는 제대용왕 정기먹는 구반다왕
23	건달바왕월천자 乾闥婆王月天子	향기먹는 건달바왕 달의신인 월천자와
24	일천자중도리천 日天子衆忉利天	태양의신 일천자와 도리천의 제석천왕
25	야마천왕도솔천 夜摩天王兜率天	욕계삼천 야마천왕 욕계사천 도솔천왕
26	화락천왕타화천 化樂天王他化天	욕계오천 화락천왕 제육천의 자재천왕
27	대범천왕광음천 大梵天王光音天	색계초선 대범천왕 이선천의 광음천왕

28 변정천왕광과천
遍淨天王廣果天
삼선천의 변정천왕 사선천의 광과천왕

29 대자재왕불가설
大自在王不可說
대자재천 비롯하여 천왕천신 한량없네

30 보현문수대보살
普賢文殊大菩薩
화엄경의 설주이신 보현문수 대보살님

31 법혜공덕금강당
法慧功德金剛幢
법혜보살 비롯하여 공덕림과 금강당과

32 금강장급금강혜
金剛藏及金剛慧
금강장및 금강혜가 오십이위 설했도다

33 광염당급수미당
光焰幢及須彌幢
광염당과 수미당이 입법계품 문을열자

34 대덕성문사리자
大德聲聞舍利子
대덕성문 사리자가 문수보살 찾았으니

35 급여비구해각등
及與比丘海覺等
그를따라 해각등의 육천여명 비구들과

36 우바새장우바이
優婆塞長優婆夷
복성사는 오백쌍의 우바새와 우바이들

37 선재동자동남녀
善財童子童男女
선재동자 위시로한 오백동남 오백동녀

38 기수무량불가설
其數無量不可說
한량없는 무리들이 문수보살 찾아왔네

39 선재동자선지식
善財童子善知識
선재동자 오십삼인 선지식을 친견하니

40 문수사리최제일
文殊舍利最第一
문수보살 처음만나 십신법문 배운다음

41 덕운해운선주승
德雲海雲善住僧
십주법문 배우고자 덕운해운 선주비구

42 미가해탈여해당
彌伽解脫與海幢
미가장자 해탈장자 해당비구 비롯하여

43	휴사비목구사선 休舍毘目瞿沙仙	재가보살 휴사녀와 비목구사 선인찾고
44	승열바라자행녀 勝熱婆羅慈行女	승열이란 바라문과 자행동녀 친견했네
45	선견자재주동자 善見自在主童子	십행법문 배우고자 선견비구 자재주와
46	구족우바명지사 具足優婆明智士	구족이란 우바이와 복덕장인 명지거사
47	법보계장여보안 法寶髻長與普眼	무량복덕 법보계와 병고치는 보안장자
48	무염족왕대광왕 無厭足王大光王	혐상궂은 무염족왕 자애로운 대광왕과
49	부동우바변행외 不動優婆遍行外	재가보살 부동녀와 변행외도 친견했네
50	우바라화장자인 優婆羅華長者人	십회향법 이루고자 우바라화 장자찾고
51	바시라선무상승 婆施羅船無上勝	뱃사공인 바시라와 다름없는 무상승과
52	사자빈신바수밀 獅子嚬伸婆須密	사자빈신 비구니와 바수밀다 여인찾고
53	비슬지라거사인 毘瑟祇羅居士人	비슬지라 거사에게 열반법문 배운다음
54	관자재존여정취 觀自在尊與正趣	대자대비 관자재와 광명자재 정취보살
55	대천안주주지신 大天安住主地神	대천신과 안주라는 땅의신을 친견했네
56	바산바연주야신 婆珊婆演主夜神	십지법문 배우고자 바산바연 주야신과

57	보덕정광주야신 普德淨光主夜神	공덕바다 일러주는 보덕정광 주야신과
58	희목관찰중생신 喜目觀察衆生神	중생들을 희목으로 관찰하는 주야신과
59	보구중생묘덕신 普救衆生妙德神	중생두루 구제하는 보구중생 묘덕신과
60	적정음해주야신 寂靜音海主夜神	적정음해 관장하는 적정음해 주야신과
61	수호일체주야신 守護一切主夜神	모든정법 잘지키는 수호일체 주야신과
62	개부수화주야신 開敷樹華主夜神	나무의꽃 피워내는 개부수화 주야신과
63	대원정진력구호 大願精進力救護	정진력과 대원갖춘 대원정진 주야신과
64	묘덕원만구바녀 妙德圓滿瞿婆女	묘덕원만 주야신과 구바녀를 찾았도다

65	마야부인천주광 摩耶夫人天主光	등각의법 이루고자 마야부인 천주광과
66	변우동자중예각 遍友童子衆藝覺	가비라국 변우동자 예능능한 중예동자
67	현승견고해탈장 賢勝堅固解脫長	지혜밝은 현승녀와 견고해탈 장자찾고
68	묘월장자무승군 妙月長者無勝軍	해탈구족 묘월장자 무애무적 무승군과
69	최적정바라문자 最寂靜婆羅門者	늘진실된 말을하는 바라문인 최적정과
70	덕생동자유덕녀 德生童子有德女	덕생동자 유덕동녀 함께만나 법들었네

71	미륵보살문수등 彌勒菩薩文殊等	미륵보살 친견한뒤 문수보살 다시찾고

	보현보살미진중	보현보살 친견하니 미진수의 대중들이
72	普賢菩薩微塵衆	
73	어차법회운집래 於此法會雲集來	이법회에 구름처럼 남김없이 모여들어
74	상수비로자나불 常隨毘盧遮那佛	어느때나 비로자나 부처님을 따르나니
75	어연화장세계해 於蓮華藏世界海	부처님은 저 광대한 연화장의 세계에서
76	조화장엄대법륜 造化莊嚴大法輪	큰법륜을 굴리시어 조화롭게 장엄하며
77	시방허공제세계 十方虛空諸世界	시방허공 속에있는 한량없는 세계에서
78	역부여시상설법 亦復如是常說法	또한다시 이와같이 항상설법 하고있네

[화엄경은 7처 9회 법회에서 39품 설했나니]

79	육육육사급여삼 六六六四及與三	일이삼회 각6품에 사회4품 오회3품
80	일십일일역부일 一十一一亦復一	육회1품 칠회11품 팔구1품 씩이로다

[제1 보리도량 법회에서 6품을 설하시니]

81	세주묘엄여래상 世主妙嚴如來相	제1 세주묘엄품과 제2 여래현상품
82	보현삼매세계성 普賢三昧世界成	제3 보현삼매품과 제4 세계성취품
83	화장세계노사나 華藏世界盧舍那	제5 화장세계품과 제6 비로자나품을

[제2 보광명전 법회에서는 6품을 설하시니]

<table>
<tr><td>84</td><td>여래명호사성제
如來名號四聖諦</td><td>제7은 여래명호품 제8은 사성제품</td></tr>
<tr><td>85</td><td>광명각품문명품
光明覺品問明品</td><td>제9는 광명각품 제10은 보살문명품</td></tr>
<tr><td>86</td><td>정행현수수미정
淨行賢首須彌頂</td><td>제11 정행품 제12 현수품을 설했으며</td></tr>
</table>

[제3 도리천궁 법회에서는] 제13 수미산정품

<table>
<tr><td>87</td><td>수미정상게찬품
須彌頂上偈讚品</td><td>제14 수미정상게찬품을 설한 다음</td></tr>
<tr><td>88</td><td>보살십주범행품
菩薩十住梵行品</td><td>제15 보살십주품과 제16 범행품</td></tr>
<tr><td>89</td><td>발심공덕명법품
發心功德明法品</td><td>제17 초발심공덕품과 제18 명법품을</td></tr>
<tr><td>90</td><td>불승야마천궁품
佛昇夜摩天宮品</td><td>[제4 야마천궁에서는] 제19 승야마천궁품</td></tr>
<tr><td>91</td><td>야마천궁게찬품
夜摩天宮偈讚品</td><td>제20 야마천궁게찬품을 설한 다음</td></tr>
<tr><td>92</td><td>십행품여무진장
十行品與無盡藏</td><td>제21 십행품과 제22 십무진장품을</td></tr>
<tr><td>93</td><td>불승도솔천궁품
佛昇兜率天宮品</td><td>[제5 도솔천궁에서는] 제23 승도솔천궁품</td></tr>
<tr><td>94</td><td>도솔천궁게찬품
兜率天宮偈讚品</td><td>제24 도솔천궁게찬품을 설한 다음</td></tr>
<tr><td>95</td><td>십회향급십지품
十廻向及十地品</td><td>제25 십회향품을 설하여 마쳤으며</td></tr>
</table>

[제6 타화자재천에서는] 제26 십지품을 설했도다

[제7 보광명전 법회에서는]

<table>
<tr><td>96</td><td>십정십통십인품
十定十通十忍品</td><td>제27 십정품 제28 십통품 제29 십인품</td></tr>
<tr><td>97</td><td>아승지품여수량
阿僧祇品與壽量</td><td>제30 아승지품과 제31 여래수량품</td></tr>
</table>

보살주처불부사
98 菩薩住處佛不思
제32 보살주처품과 제33 불부사의법품

여래십신상해품
99 如來十身相海品
제34 여래십신상해품을 설했으며

여래수호공덕품
100 如來隨好功德品
제35 여래수호광명공덕품에 이어

보현행급여래출
101 普賢行及如來出
제36 보현행품 제37 여래출현품을

이세간품입법계
102 離世間品入法界
[제8 보광명전에서는] 제38 이세간품 설하였고

[제9 서다원림에서는] 제39 입법계품 설했도다

시위십만게송경
103 是爲十萬偈頌經
이들속에 화엄경의 십만게송 갖췄으니

삼십구품원만교
104 三十九品圓滿教
삼십구품 그지없는 일승원만 교설일세

풍송차경신수지
105 諷誦此經信受持
이경전을 읽고믿고 잘받아서 지닐지면

초발심시변정각
106 初發心時便正覺
초발심을 발한그때 큰정각을 이루어서

안좌여시국토해
107 安坐如是國土海
연화장의 불국토에 편안하게 앉게되니

시명비로자나불
108 是名毘盧遮那佛
이를일러 비로자나 부처라고 이름하네

불기 25   년 월 일 불자   제   회 사경

大方廣佛華嚴經 龍樹菩薩略纂偈
대방광불화엄경 용수보살약찬게

1 나무화장세계해
南無華藏世界海
화장세계 향수해의 연꽃위에 앉아계신

2 비로자나진법신
毘盧遮那眞法身
한결같은 참된법신 비로자나 부처님과

3 현재설법노사나
現在說法盧舍那
지금법을 설하시는 원만보신 노사나불

4 석가모니제여래
釋迦牟尼諸如來
천백억의 석가모니 화신불께귀의합니다

5 과거현재미래세
過去現在未來世
지난세상 지금세상 미래세상 어느때나

6 시방일체제대성
十方一切諸大聖
시방세계 계시옵는 거룩하신 성인들이

7 근본화엄전법륜
根本華嚴轉法輪
화엄경을 근본삼아 법륜두루 굴리심은

8 해인삼매세력고
海印三昧勢力故
선정지혜 함께갖춘 화엄삼매 힘입니다

9 보현보살제대중
普賢菩薩諸大衆
보현보살 뒤따르는 여러보살 대중들과

10 집금강신신중신
執金剛神身衆神
금강저를 가진신과 여러몸을 가진신중

99

11	족행신중도량신 足行神衆道場神	걸음빠른 족행신중 절지키는 도량신중
12	주성신중주지신 主城神衆主地神	성지키는 주성신중 땅지키는 주지신중
13	주산신중주림신 主山神衆主林神	산지키는 주산신중 숲지키는 주림신중
14	주약신중주가신 主藥神衆主稼神	약과곡식 주관하는 주약신중 주가신중
15	주하신중주해신 主河神衆主海神	강과바다 주관하는 주하신중 주해신중
16	주수신중주화신 主水神衆主火神	물과불을 주관하는 주수신중 주화신중
17	주풍신중주공신 主風神衆主空神	바람허공 주관하는 주풍신중 주공신중
18	주방신중주야신 主方神衆主夜神	방위와밤 주관하는 주방신중 주야신중
19	주주신중아수라 主晝神衆阿修羅	낮을맡은 주주신중 투쟁의신 아수라왕
20	가루라왕긴나라 迦樓羅王緊那羅	새들의왕 가루라와 가무의신 긴나라왕
21	마후라가야차왕 摩睺羅伽夜叉王	음악의신 마후라가 위세가큰 야차왕과
22	제대용왕구반다 諸大龍王鳩槃茶	법지키는 제대용왕 정기먹는 구반다왕
23	건달바왕월천자 乾闥婆王月天子	향기먹는 건달바왕 달의신인 월천자와
24	일천자중도리천 日天子衆忉利天	태양의신 일천자와 도리천의 제석천왕
25	야마천왕도솔천 夜摩天王兜率天	욕계삼천 야마천왕 욕계사천 도솔천왕
26	화락천왕타화천 化樂天王他化天	욕계오천 화락천왕 제육천의 자재천왕
27	대범천왕광음천 大梵天王光音天	색계초선 대범천왕 이선천의 광음천왕

28	변정천왕광과천 遍淨天王廣果天	삼선천의 변정천왕 사선천의 광과천왕
29	대자재왕불가설 大自在王不可說	대자재천 비롯하여 천왕천신 한량없네
30	보현문수대보살 普賢文殊大菩薩	화엄경의 설주이신 보현문수 대보살님
31	법혜공덕금강당 法慧功德金剛幢	법혜보살 비롯하여 공덕림과 금강당과
32	금강장급금강혜 金剛藏及金剛慧	금강장및 금강혜가 오십이위 설했도다

33	광염당급수미당 光焰幢及須彌幢	광염당과 수미당이 입법계품 문을열자
34	대덕성문사리자 大德聲聞舍利子	대덕성문 사리자가 문수보살 찾았으니
35	급여비구해각등 及與比丘海覺等	그를따라 해각등의 육천여명 비구들과
36	우바새장우바이 優婆塞長優婆夷	복성사는 오백쌍의 우바새와 우바이들
37	선재동자동남녀 善財童子童男女	선재동자 위시로한 오백동남 오백동녀
38	기수무량불가설 其數無量不可說	한량없는 무리들이 문수보살 찾아왔네

39	선재동자선지식 善財童子善知識	선재동자 오십삼인 선지식을 친견하니
40	문수사리최제일 文殊舍利最第一	문수보살 처음만나 십신법문 배운다음
41	덕운해운선주승 德雲海雲善住僧	십주법문 배우고자 덕운해운 선주비구
42	미가해탈여해당 彌伽解脫與海幢	미가장자 해탈장자 해당비구 비롯하여

	한문	한글
43	휴사비목구사선 休舍毘目瞿沙仙	재가보살 휴사녀와 비목구사 선인찾고
44	승열바라자행녀 勝熱婆羅慈行女	승열이란 바라문과 자행동녀 친견했네
45	선견자재주동자 善見自在主童子	십행법문 배우고자 선견비구 자재주와
46	구족우바명지사 具足優婆明智士	구족이란 우바이와 복덕장인 명지거사
47	법보계장여보안 法寶髻長與普眼	무량복덕 법보계와 병고치는 보안장자
48	무염족왕대광왕 無厭足王大光王	험상궂은 무염족왕 자애로운 대광왕과
49	부동우바변행외 不動優婆遍行外	재가보살 부동녀와 변행외도 친견했네
50	우바라화장자인 優婆羅華長者人	십회향법 이루고자 우바라화 장자찾고
51	바시라선무상승 婆施羅船無上勝	뱃사공인 바시라와 다름없는 무상승과
52	사자빈신바수밀 獅子嚬伸婆須密	사자빈신 비구니와 바수밀다 여인찾고
53	비슬지라거사인 毘瑟祗羅居士人	비슬지라 거사에게 열반법문 배운다음
54	관자재존여정취 觀自在尊與正趣	대자대비 관자재와 광명자재 정취보살
55	대천안주주지신 大天安住主地神	대천신과 안주라는 땅의신을 친견했네
56	바산바연주야신 婆珊婆演主夜神	십지법문 배우고자 바산바연 주야신과

	보덕정광주야신	
57	普德淨光主夜神	공덕바다 일러주는 보덕정광 주야신과
58	희목관찰중생신 喜目觀察衆生神	중생들을 희목으로 관찰하는 주야신과
59	보구중생묘덕신 普救衆生妙德神	중생두루 구제하는 보구중생 묘덕신과
60	적정음해주야신 寂靜音海主夜神	적정음해 관장하는 적정음해 주야신과
61	수호일체주야신 守護一切主夜神	모든정법 잘지키는 수호일체 주야신과
62	개부수화주야신 開敷樹華主夜神	나무의꽃 피워내는 개부수화 주야신과
63	대원정진력구호 大願精進力救護	정진력과 대원갖춘 대원정진 주야신과
64	묘덕원만구바녀 妙德圓滿瞿婆女	묘덕원만 주야신과 구바녀를 찾았도다

65	마야부인천주광 摩耶夫人天主光	등각의법 이루고자 마야부인 천주광과
66	변우동자중예각 遍友童子衆藝覺	가비라국 변우동자 예능능한 중예동자
67	현승견고해탈장 賢勝堅固解脫長	지혜밝은 현승녀와 견고해탈 장자찾고
68	묘월장자무승군 妙月長者無勝軍	해탈구족 묘월장자 무애무적 무승군과
69	최적정바라문자 最寂靜婆羅門者	늘진실된 말을하는 바라문인 최적정과
70	덕생동자유덕녀 德生童子有德女	덕생동자 유덕동녀 함께만나 법들었네

71	미륵보살문수등 彌勒菩薩文殊等	미륵보살 친견한뒤 문수보살 다시찾고

보현보살미진중 72 菩賢菩薩微塵衆	보현보살 친견하니 미진수의 대중들이
어차법회운집래 73 於此法會雲集來	이법회에 구름처럼 남김없이 모여들어
상수비로자나불 74 常隨毘盧遮那佛	어느때나 비로자나 부처님을 따르나니
어연화장세계해 75 於蓮華藏世界海	부처님은 저 광대한 연화장의 세계에서
조화장엄대법륜 76 造化莊嚴大法輪	큰법륜을 굴리시어 조화롭게 장엄하며
시방허공제세계 77 十方虛空諸世界	시방허공 속에있는 한량없는 세계에서
역부여시상설법 78 亦復如是常說法	또한다시 이와같이 항상설법 하고있네

[화엄경은 7처 9회 법회에서 39품 설했나니]

육육육사급여삼 79 六六六四及與三	일이삼회 각6품에 사회4품 오회3품
일십일일역부일 80 一十一一亦復一	육회1품 칠회11품 팔구1품 씩이로다

[제1 보리도량 법회에서 6품을 설하시니]

세주묘엄여래상 81 世主妙嚴如來相	제1 세주묘엄품과 제2 여래현상품
보현삼매세계성 82 普賢三昧世界成	제3 보현삼매품과 제4 세계성취품
화장세계노사나 83 華藏世界盧舍那	제5 화장세계품과 제6 비로자나품을

[제2 보광명전 법회에서는 6품을 설하시니]

제32 보살주처품과 제33 불부사의법품

제34 여래십신상해품을 설했으며

제35 여래수호광명공덕품에 이어

제36 보현행품 제37 여래출현품을

[제8 보광명전에서는] 제38 이세간품 설하였고

[제9 서다원림에서는] 제39 입법계품 설했도다

이들속에 화엄경의 십만게송 갖췄으니

삼십구품 그지없는 일승원만 교설일세

이경전을 읽고믿고 잘받아서 지닐지면

초발심을 발한그때 큰정각을 이루어서

연화장의 불국토에 편안하게 앉게되니

이를일러 비로자나 부처라고 이름하네

불기 25   년 월 일 불자   제   회 사경

영험 크고 성취 빠른 각종 사경집 (책 크기 4×6배판)

※ 정성껏 사경하면 큰 가피가 저절로 찾아들고, 업장참회는 물론이요 쉽게 소원을 성취할 수 있습니다. 각 책마다 사경의 방법을 자세하게 설명해 놓았습니다.

광명진언 사경 가로·세로쓰기
　　　(1책으로 1080번 사경) 128쪽 5,000원
모든 불보살님의 총주總呪인 광명진언을 사경하면 그 가피력은 이루 다 말할 수 없을 정도입니다. 하루 108번씩 100일 동안 사경을 행하면 우리에게 크나큰 성취를 안겨주고 심중의 소원이 잘 이루어집니다.

반야심경 한글사경 (1책 50번 사경) 116쪽 5,000원
반야심경 한문사경 (1책 50번 사경) 116쪽 5,000원
반야심경을 사경하면 호법신장이 '나'를 지켜주고 공의 도리를 깨달아 평화롭고 안정된 삶이 함께합니다.

아미타경 한글사경 (1책 7번 사경) 116쪽 5,000원
살아 생전에 아미타경을 사경하거나, 부모님을 비롯한 가까운 분이 돌아가셨을 때 이 경을 쓰면 극락왕생이 참으로 가까워집니다.

관음경 한글사경 (1책 5번 사경) 112쪽 5,000원
관음경을 사경하면 가피가 한량이 없고 늘 행복이 함께 합니다. 학업성취·건강쾌유·자녀의 성공·경제 문제 등에도 영험이 매우 큽니다.

신묘장구대다라니 사경 (1책 50번 사경) 5,000원
대다라니를 사경하면 관세음보살님과 호법신장들이 '나'와 주위를 지켜주고 소원성취와 동시에, 행복하고 자비심 가득한 마음을 가질 수 있도록 해줍니다.

보현행원품 한글사경 (1책 3번 사경) 120쪽 5,000원
행원품을 사경하면 자리이타의 삶과 업장 참회, 신통·지혜·복덕·자비 등을 빨리 이룰 수 있고 세세생생 불법과 함께 하며 보살도를 성취할 수 있습니다.

부모은중경 사경 (1책 3번 사경) 112쪽 5,000원
부처님께서는 부모님의 은혜를 새기면서 이 경을 쓰게 되면 그 어떤 행보다 큰 공덕이 생겨난다고 하였습니다. 정성 들여 사경하면 뜻하는 바가 이루어집니다.

아미타불 명호사경 (1책으로 5,400번 사경) 160쪽 6,000원
'나무아미타불'과 '아미타불'을 오회염불법에 따라 외우고 쓰는 특별한 명호사경집입니다. 집중력을 더하여, 심중 소원 성취에 큰 도움을 줍니다.

금강경 한글사경 (1책 3번 사경)　144쪽 6,000원
금강경 한문사경 (1책 3번 사경)　144쪽 6,000원
금강경 한문한글사경 (1책 1번 사경) 100쪽 4,000원
요긴하고 으뜸된 경전인 금강경을 사경해 보십시오. 업장소멸과 함께 크나큰 깨달음과 좋은 일들이 저절로 다가옵니다.

법화경 한글사경 (전5책) 권당 5,000원 총 25,000원
법화경을 사경하면 부처님과 대우주법계의 한량없는 가피가 저절로 찾아들어 소원성취·영가천도는 물론이요 깨달음과 경제적인 풍요까지 안겨줍니다.

약사경 한글사경 (1책 3번 사경)　112쪽 4,000원
약사경을 사경하면 약사여래의 가피가 저절로 찾아들어, 병환의 쾌차, 집안 평안, 업장소멸을 비롯한 갖가지 소원을 쉽게 성취할 수 있습니다.

천수경 한글사경 (1책 7번 사경)　112쪽 5,000원
천수경을 사경하고 독송하면 천수관음의 가피가 저절로 찾아들어, 업장 및 고난의 소멸과 갖가지 소원을 쉽게 성취할 수 있습니다.

지장경 한글사경 (1책 1번 사경)　144쪽 6,000원
지장경을 사경하고 영가천도는 물론이요, 각종 장애가 저절로 사라지고 심중의 소원이 성취됩니다. 백일 또는 49일 동안의 사경기도를 감히 권해 봅니다.

화엄경약찬게 사경 (1책 12번 사경) 112쪽 5,000원
화엄경약찬게를 쓰면 화엄경 한 편을 읽는 것과 같은 공덕이 생긴다고 하였습니다. 약찬게를 써 보십시오. 수많은 가피가 함께 찾아듭니다.

천지팔양신주경 사경 (1책 3번 사경) 112쪽 5,000원
옛부터 건축·결혼·출산·사업·죽음 등 평생의 삶 중에서 중요한 때마다 읽고 쓰면 크게 길하고 이롭고 장수하고 복덕을 갖추게 된다고 전해지고 있습니다.

보왕삼매론 사경 (1책으로 27번 사경) 120쪽 5,000원
삶의 문제들을 지혜롭게 해결하는 방법을 제시한 보왕삼매론을 사경하면 생활 속의 걸림돌이 디딤돌로 바뀌고 고난이 사라져 편안하고 행복해집니다.

관세음보살 명호사경 (1책으로 5천4백번 사경)　　　　　　108쪽 5,000원
지장보살 명호사경 (1책으로 5천번 사경)　　　　　　　　108쪽 5,000원
'관세음보살'이나 '지장보살'의 명호를 쓰면서 입으로 외우고 마음에 새기면, 관세음보살님과 지장보살님의 가피를 입어 몸과 마음이 큰 변화를 이루고, 마음속의 원을 능히 성취할 수 있습니다.

한글 큰활자본 기도 독송용 경전 (책 크기 4×6배판)

법화경 / 김현준 역 　　　　4×6배판　(양장본) 1책 520쪽 25,000원 / (무선제본) 전3책 550쪽 22,000원

불교 최고 경전인 법화경을 독송하면 소원성취는 물론 깨달음과 경제적인 풍요까지 안겨줍니다.

법화경을 독송하고 사경하면 부처님과 대우주법계의 한량없는 가피가 저절로 찾아들어 업장소멸은 물론이요 갖가지 소원을 두루 성취할 수 있습니다. 특히 밝은 지혜를 얻고 크게 향상하게 되며 경제적인 풍요와 사업의 번창, 시험의 합격 및 승진이 쉬워지고 가족 모두가 평온하고 복된 삶을 누리며, 병환·재난·가난 등 현실의 괴로움이 소멸되고 부모 친척 등의 영가가 잘 천도되며 구하는 바가 뜻과 같이 이루어집니다.

지장경 / 김현준 편역 　　　　　　　　　　　　　　　　4×6배판 208쪽 8,000원

지장기도를 하는 분들을 위해 ① 지장경을 처음부터 끝까지 1번 독송 ② '나무지장보살'을 천번염송 ③ 지장보살예찬문을 외우며 158배, ④ '지장보살' 천번 염송의 4부로 나누어 특별히 만들었습니다.
　지장경 독경 및 지장보살예참과 염불을 할 때, 각 장 앞에 제시된 기도법에 따라 기도를 하게 되면, 지장보살의 가피 속에서 틀림없이 영가천도·업장소멸·소원성취·향상된 삶을 이룩할 수 있게 됩니다.

금강경 / 우룡스님 역　　112쪽 5,000원
책 크기만큼 글씨도 크게 하고 한자 원문도 수록하였으며, 독송에 관한 법문도 첨부하였습니다. 사찰 및 가정에서의 독송용으로 매우 좋습니다.

유마경 / 김현준 역　　296쪽 12,000원
보살의 병은 어디서 오는가? 불도란 어떤 것인가? 깨달음의 세계로 들어가는 불이법문, 참된 불국토를 건설하는 방법 등등 매우 소중한 가르침들을 가득 담고 있으며, 읽다보면 눈이 번쩍 뜨이고 마음이 탁 트입니다.

승만경 / 김현준 편역　　144쪽 6,000원
여인의 성불 수기와 함께 승만부인의 서원, 정법·번뇌·법신·일승·사성제·자성청정심·여래장사상 등을 분명히 밝힌 주옥같은 경전.(한글 한문 대조본)

원각경 / 김현준 편역　　192쪽 8,000원
한국불교 근본 경전 중 하나로, 중생이 부처가 되려면 어떻게 해야하는지를 12보살과의 문답을 통해 설한 경전으로 쉽게 번역 하였습니다. (한글 한문 대조본)

밀린다왕문경 / 김현준 편역 신국판 204쪽 7,000원
그리스 왕인 밀린다와 불교 승려인 나가세나가 인생과 불교에 대해 대론한 것을 정리한 경전으로 신심을 크게 불러일으킵니다.

자비도량참법 / 김현준 역　양장본 528쪽 25,000원
나의 죄업 참회에서 시작하여 부모 친척 등 온 법계 중생의 업장과 무명까지 모두 소멸시켜주며, 자비가 충만하여지고 환희심이 넘쳐나게 됩니다.

아미타경 / 김현준 편역　　92쪽 4,000원
아주 큰 활자 번역본으로, 독경 및 '나무아미타불' 염불 방법을 함께 실었습니다. 사찰에서 대중이 함께 독송할 때 또는 집에서 독송할 때 매우 유용합니다.

무량수경 / 김현준 역　　176쪽 7,000원
아미타불은 어떠한 분이며, 극락에는 어떠한 장엄과 멋과 행복이 갖추어져 있는가? 극락에 왕생하려면 이 현생에서 어떠한 삶을 살아야 하는가를 자상하게 묘사하고 있어, 독송을 하면 신심이 저절로 우러납니다.

약사경 / 김현준 편역　　100쪽 4,000원
아주 큰 활자로 약사경 한글 번역본을 만들었습니다. 약사경 독경 방법 및 약사염불법도 함께 실어 기도에 도움이 되도록 하였습니다.

관음경 / 우룡스님 역　　96쪽 4,000원
커다란 글씨의 관음경 해설과 함께 관음경의 원문과 독송법, 관음 염불 방법 등을 수록하여 관음경의 가르침을 쉽게 이해하도록 하였습니다.

보현행원품 / 김현준 편역　　112쪽 5,000원
보현행원품과 예불대참회문을 함께 실어 독경 후 행원품에 근거한 전통적인 108배를 행할 수 있도록 만들었으며, 대참회의 의미도 상세히 설명하였습니다.

천지팔양신주경 / 김현준 편역　　96쪽 4,000원
옛부터 결혼·출산·사업·죽음 등 평생의 삶 중에서 중요한 때마다 이 경을 독송하면 크게 길하고 이롭고 장수하고 복덕을 갖추게 된다고 전해지고 있습니다.

아름다운 우리말 경전 (책 크기 휴대용 국반판)

·금강경	명쾌한 금강경 풀이와 함께 금강경의 근본 가르침을 함께 수록한 책	우룡스님 역	100쪽	2,500원
·아미타경	한글 번역과 함께 독송하는 방법과 아미타불 염불법에 대해 설한 책	김현준 역	100쪽	2,500원
·약사경	한글 번역과 함께 약사기도법과 약사염불법에 대해 자세히 설한 책	김현준 편역	100쪽	2,500원
·관음경	관음경의 번역과 함께 관음기도와 관음염불법에 대해 자세히 설한 책	우룡스님 역	100쪽	2,500원
·지장경	편안하고 쉬운 번역과 함께 지장기도법을 간략히 설한 책	김현준	196쪽	4,000원
·부모은중경	부모님의 은혜를 느끼며 기도를 할 수 있게 엮은 책	김현준 역	100쪽	2,500원
·보현행원품	보현보살의 십대원을 중심으로 설하여 참된 보살의 길로 이끌어주는 책	김현준 편역	100쪽	2,500원
·초발심자경문	신심을 굳건히 하고 수행에 대한 마음을 불러일으키게끔 하는 책	일타스님 역	100쪽	2,500원
·법요집	법회와 수행 시에 필요한 각종 의식문, 좋은 몇 편의 글들을 수록한 책	불교신행연구원 편	100쪽	2,500원

| **화엄경 약찬게 풀이** / 김현준 | 신국판 216쪽 8,000원 |

오랫동안 기다렸던『화엄경 약찬게 풀이』! 드디어 나옵니다. 옛부터 화엄경 약찬게에는 한량없는 공덕이 담겨 있다고 전해져 내려오고 있습니다. 그러나 그냥 읽을 때는 무슨 뜻인지, 무엇에 관한 내용인지조차 잘 알 수가 없습니다. 이러한 화엄경 약찬게를 김현준 원장 특유의 자상함으로 쉽고도 재미있게 풀이하였습니다.
특히 이 책을 읽고 약찬게를 사경하면 공덕이 더욱 커지고 영험과 가피가 찾아들게 됩니다.

화엄경 약찬게 사경

초 판 1쇄 펴낸날   2020년   3월 13일
         6쇄 펴낸날   2025년   2월 11일

편역자 김현준 / 펴낸이 김연수 / 펴낸곳 새벽숲
등록일 2009년 12월 28일 (제 321-2009-000242호)
주 소 서울특별시 서초구 반포대로14길 30, 906호 (서초동, 센츄리I)
전 화 02-582-6612, 587-6612 / 팩스 02-586-9078
이메일 hyorim@nate.com

값 5,000원
ⓒ새벽숲 2020 / ISBN 979-11-87459-07-1 03220

새벽숲은 효림출판사의 자매회사입니다(새벽숲은 曉林의 한글풀이).
표지 사진 : 선암사 화엄탱화 부분도(1780년 제작)